JN040685

中学基礎がため100%

# できた！ 中1国語

## 読解

KUMON

# 本書の特長と使い方

## 中1国語　読解

● **「文法」「読解」「漢字」の3冊構成なので、目的に応じた学習ができます。**

本シリーズは、十分な学習量による繰《く》り返し学習を大切にしているので、「文法」「読解」「漢字」の3冊構成となっています。

「読解」は、読解分野だけを取り上げて1冊にしているので、読解の基《き》礎《そ》を系統的に十分な練習量で学習することができ、学力を確実につけることができます。

## 本書の構成と使い方

本書は、力をつけるトレーニング部分（基本問題）と、力を試《ため》すテスト問題（標準問題・完成問題）とで構成されています。

一回分は見開き二ページで100点満点です。一回ごとにレベルアップした問題配列になっていますので、一問ずつ順番に取り組みましょう。

① **基本問題** …単元（小説なら「場面をとらえる」など）の学習内容を、一問ごとに順を追って学習します。ここで「基本的な学習内容」を理解し、身につけましょう。

② **標準問題** …単元の内容をあつかった総合問題です。標準レベルのテスト問題にチャレンジします。

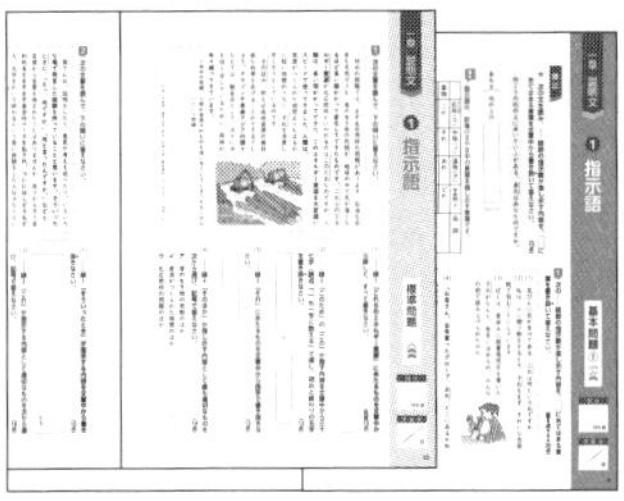

②標準問題　①基本問題

③ **完成問題** …説明文や小説など、章の内容をあつかった総合問題です。標準レベルのテスト問題にチャレンジします。基本問題・標準問題で学習した事《じ》項《こう》をあつかっていますが、文章が長くなっていますので、少し時間をかけて文章を読む必要があります。

③完成問題

### 【アイコンの説明】

**確認**　新しい内容の学習がスタートするところです。最も基本的な問題で確《かく》認《にん》して単元の学習をはじめましょう。

**！**　各単元の学習ポイントや、必要な知識が整理してあります。

**書いてみよう**　書いて表現する力をつけるための基礎的な練習問題です。指定の字数はそれほど多くありませんので、ノートや原《げん》稿《こう》用紙を用意して書いてみましょう。別冊解答に文章例がありますので、書いたあとで参考にしてください。

※解答書は、本書のうしろにのり付けされています。引っぱると別冊になります。解答書と答え合わせをして、まちがえたところは「解説」のところをよく読んで直しましょう。

# 中1国語　読解　もくじ


一章　説明文

❶ 指示語
基本問題① 4・5
基本問題② 6・7
基本問題③ 8・9
標準問題 10・11

❷ 接続語
基本問題① 12・13
基本問題② 14・15
基本問題③ 16・17
標準問題 18・19

❸ 内容の理解
基本問題① 20・21
基本問題② 22・23
標準問題 24・25

❹ 段落の要点と文章構成
基本問題① 26・27
基本問題② 28・29
基本問題③ 30・31
標準問題 32・33

❺ 筆者の意見と要旨
基本問題① 34・35
基本問題② 36・37
基本問題③ 38・39
標準問題 40・41

たしかめよう
完成問題① 42・43
完成問題② 44・45

二章　小説

❶ 場面をとらえる
基本問題① 46・47
基本問題② 48・49
基本問題③ 50・51
標準問題 52・53

❷ 心情を読み取る
基本問題① 54・55
基本問題② 56・57
基本問題③ 58・59
標準問題 60・61

❸ 人物像をつかむ
基本問題① 62・63
基本問題② 64・65
基本問題③ 66・67
標準問題 68・69

❹ 表現に注意する
基本問題① 70・71
基本問題② 72・73
標準問題 74・75

❺ 主題をとらえる
基本問題① 76・77
基本問題② 78・79
標準問題 80・81

たしかめよう
完成問題① 82・83
完成問題② 84・85

三章　随筆
筆者の体験や思いを読み取る…… 基本問題① 86・87 基本問題② 88・89 標準問題 90・91
たしかめよう…… 完成問題① 92・93 完成問題② 94・95

四章　詩
❶ 詩の種類・表現技法…… 基本問題① 96・97 基本問題② 98・99
❷ 詩の鑑賞…… 基本問題① 100・101 基本問題② 102・103
たしかめよう…… 完成問題① 104・105 完成問題② 106・107

五章　古典
❶ 歴史的仮名遣い…… 基本問題① 108・109 基本問題② 110・111 標準問題 112・113
❷ 重要古語と内容の理解…… 基本問題① 114・115 基本問題② 116・117 標準問題 118・119
❸ 故事成語と漢文の読み方…… 基本問題① 120・121 基本問題② 122・123
たしかめよう…… 完成問題① 124・125 完成問題② 126・127

「教科書との内容対応表」から、
自分の教科書の部分を切りとってここにはりつけ、
勉強をするときのページ合わせに活用してください。

# 1 指示語

## 確認

★ 次の文を読み、――線部の指示語が指し示す内容を、□にあてはまる言葉を文章中から書き抜《ぬ》いて答えなさい。（15点）

向こうの机の上に赤いさいふがある。あれはあなたのですか。

あれ＝〔机の上の□□□□□〕

！ 指示語は、前後の文や文中の言葉を指し示す言葉です。

| | 近称《きんしょう》（コ） | 中称（ソ） | 遠称（ア） | 不定称（ド） | 品詞 |
|---|---|---|---|---|---|
| 事物 | これ | それ | あれ | どれ | 代名詞（名詞） |
| 場所 | ここ | そこ | あそこ | どこ | |
| 方向 | こちら こっち | そちら そっち | あちら あっち | どちら どっち | |
| 指定 | この | その | あの | どの | 連体詞 |
| 様子 | ＊こんな | そんな | あんな | どんな | 連体詞 |
| 状態 | こう | そう | ああ | どう | 副詞 |

＊「こんな」などを形容動詞の語幹とする考え方もあります。

●指示する言葉には「これら・そのように・以上・前者」などもあります。

※□に書くときは、□の字数に合うように書きましょう。

## 基本問題①

得点　／100点

学習日　／　日

**1** 次の――線部の指示語が指し示す内容を、□にあてはまる言葉を書き抜《ぬ》いて答えなさい。（各5点×5＝25点）

(1) 花びんに花が生けてある。これは何という花ですか。

(2) 私は、人に贈《おく》り物《もの》をするとき、それをまず、きれいな包装紙で包むことにしています。

(3) ぼくは、夏休みに読書感想文を書いた。それがなんと、先生にほめられ、みんなの前で読み上げられたのだ。

(4) 「お母さん。去年買ったグローブ、あれ、どこにあるか知らない？」

(1) 〔□□□に生けてある□〕

(2) □□□

(3) 〔夏休みに書いた□□□□□〕

(4) □□□□□□□□□

## 2 次の——線部の指示語が指し示す内容を、□にあてはまる言葉を書き抜《ぬ》いて答えなさい。（各5点×12＝60点）

### 1

(1) 休日に遊園地に行った。さすがにここは家族連れの人でいっぱいだった。

(2) 十分ほど歩くと、公園があります。そこで待っていてください。

(3) 中国から多くの文物を取り入れた昔の日本人は、そこから名句・名言を抜《ぬ》き出《だ》して話や文章に生かしてきた。

(4) まっすぐ行くと、小さな空き地がある。小学生のころ、あそこでよく野球をして遊んだ。

(5) 先日、家族でスキーに行った。今度はあそこに友達と行くことにしよう。

(1) □□□

(2) □□

(3) 〔中国から取り入れた□□□□□〕

(4) □□□□□□

(5) 〔□□□□□□□□□□所〕

### 2

(1) つばきの美しい伊豆《いず》の島に来てひと月たち、やっとこちらの生活に慣れてまいりました。

(2) 部屋には十歳《さい》くらいの男の子が二人いた。彼《かれ》は、赤い服を着た男の子を指差し、こっちが弟だと言った。

(3) 母は、「今度そちらへ行くことになりました」と、京都に住むおじさんに言っていた。

(4) 駅に着いた妹から電話がかかってきた。電話に出た父は、「今、そっちに行くから待ってろ。」と言った。

(5) 雪をかぶった山が見えます。あちらをご覧ください。

(6) 父は若いころフランスで生活していた。それで、あっちに知り合いがたくさんいる。

(1) □□□□

(2) 〔□□□□□□□□□の方〕

(3) 〔□□□□の住む□□〕

(4) □

(5) 〔□□□□□□□が見える方〕

(6) □□□□

# 1 指示語

## 基本問題②

得点
／100点

学習日
／ 日

**1** 次の——線部の指示する内容を、□にあてはまる言葉を書き抜《ぬ》いて答えなさい。（各6点×7＝42点）

(1) 川口君は、公園の掃除《そうじ》を毎朝しているそうだ。このことだけでも、いかに彼《かれ》が感心な少年であるかがわかるだろう。

(2) 学校のすぐそばに小さな沼《ぬま》がある。その沼にはかっぱがいるといううわさだ。

(3) 姉はいつも、青く輝《かがや》く宝石のついたネックレスをしている。あの宝石は何という名前なんだろう。

(1) □□□□□□□□□□□ こと

(2) □□□□ / □□□□□□□ にある

(3) □□□□□□

**2**

(1) ショーウインドーに紫色《むらさきいろ》のつり舟《ぶね》のような花が飾《かざ》ってあった。こんな花は見たことがなかった。

(2) 今度の試験で六十点以下の人は再試験をするらしい。そんな話を耳にした。

(3) 姉は、とてもすてきなスポーツマンタイプの人と結婚《けっこん》した。あんな人に僕《ぼく》もなりたい。

(1) □□□□□□□□□□□□

(2) □□□□□□□□□□ らしいという話

(3) □□□□□□□□□□□□

## 2 次の——線部の指示する内容を、□にあてはまる言葉を書き抜《ぬ》いて答えなさい。
（各8点×5＝40点・❷(3)は各9点×2＝18点）

❶

(1) 人間が地球上の化石燃料を使い果たし、ガソリンで走る自動車が姿を消すかもしれない。近い将来、こういうことが起こる可能性がでてきた。

(2) 二組は、毎日合唱コンクールの練習をしているということだ。私たちのクラスもそうすれば二組に勝てるかもしれない。

(3) キャプテンは熱心なんだけど、すぐに「やる気がないのなら辞《や》めてしまえ。」と言う。ああいうことは言ってはだめだ。

(1) □□□□□ということ

(2) □□をすれば

(3) 「□□□□□。」というようなこと

❷

(1) キツネやタヌキやシカがふもとに下りてくるのは、これらが食べる物が山にないからです。

(2) 今年の運動会は、一組が優勝ということになりました。以上をもちまして終了《しゅうりょう》いたします。

(3) 将来、どこの国の言葉を学びたいかというアンケートを取りました。その結果、英語を学びたいという人が最も多いことがわかりました。また、中国語を学びたいという人もたくさんいました。前者は英語が多くの国で通じるということ、後者は最も多くの人が中国語を使っているというのがその理由でした。

(1) □□□□□□□□□□

(2) □□□□という結果

(3) 前者…□□□□□□□□□□
後者…□□□□□□□□□□

# 1 指示語

## 基本問題③

得点
／100点

学習日
日

**1** 次の文章を読み、——線部の指示する内容を、□にあてはまる言葉を書き抜《ぬ》いて答えなさい。(各10点×5＝50点)

① 森林がなくなり腐植土層《ふしょくどそう》が消失すると、その下の鉱物土層がむき出しになる。ここに大雨が降ると、大量の雨水と共に土砂《どしゃ》が流れ出し、一気に海まで運ばれる。

(平成14年度版 光村図書1年118ページ 松永勝彦「魚を育てる森」より)

〔　　〕土層

② ＊江戸切子《えどきりこ》は民間のものだったからほろびなかった。なぜか。武家や大金持ちの床《とこ》の間《ま》を飾《かざ》るような高級な器《うつわ》だけではなく、広く一般《いっぱん》の人たちでも手に入るような器も作る必要があった。それにはすばやく、安く作る技術が必要だった。

＊江戸切子…ガラスに刻み模様をつける伝統的な細工技法で作られたもの。カットグラスと呼ばれている。

(平成14年度版 教育出版1年212ページ 小関智弘「ものづくりに生きる」より)

③ 探してみて、ようやく見つけ出したのが、東京都東久留米《ひがしくるめ》市自由学園における鳥類の調査記録です。これは四十数年にわたって、この学園の生徒さんが、毎月、同じ道順を歩いて、そこで見られたスズメを数えたものです。

(平成28年度版 東京書籍1年99ページ 三上修「スズメは本当に減っているか」より)

④ 森林では、底部に落ち葉や枯《か》れ枝《えだ》が積み重なる。森にすむ動物たちのふんや死体もある。これらは、微生物《びせいぶつ》によって次第《しだい》に分解され、風化によって砕《くだ》かれた岩石と混じり合って、黒い湿《しめ》った土になる。これを腐植土《ふしょくど》という。

(平成14年度 光村図書1年117ページ 松永勝彦「魚を育てる森」より)

〔落ち葉や枯《か》れ枝《えだ》、動物のふんや死体が、□□によって分解され、風化した岩石と混じり合ってできた□□〕

## 2 次の文章を読み、――線部の指示する内容を文章中から書き抜《ぬ》いて答えなさい。（各10点×5＝50点）

**1**

その疑問を解決するのが二つめの保温のしくみ、脂肪層《しぼうそう》です。例えば、キングペンギンのヒナの場合には、体重の約四〇パーセントを占《し》める脂肪層が保温効果の主役となります。

この脂肪層は、ヒナだけでなく成鳥のペンギンにとっても重要なのです。

（平成28年度版　三省堂一年33ページ　上田一生「ペンギンの防寒着」より）

脂肪層《しぼうそう》

**2**

こうした生態的展示＊では、展示を通じて自然に対する見方や考え方を養おうという姿勢が見られます。そのために、さまざまな技法が取り入れられています。地形の起伏《きふく》の変化や植物を利用して、動物の生息地に近い風景をつくり上げるだけではなく、園路を歩くうちに、その中に入《はい》り込《こ》んだような感覚をつくり出します。

＊生態的展示…動物園における展示の仕方のこと。

（平成28年度版　学校図書一年64ページ　若生謙二「変わる動物園」・『変わる動物園―檻から生態的展示へ―』より）

の中

**3**

二〇一〇年三月、新たな展開があった。私の研究室に山梨県の西《さい》湖で捕《と》れたという黒いマスが届けられたのである。黒いのでクニマスではないか、というのだ。しかし、西湖にはクニマスによく似たヒメマスという魚がいる。地元の人の話では、ヒメマスの中にも黒いものがいるという。この黒いマスは、クニマスかヒメマスか。

（平成28年度版　光村図書出版一年167ページ　中坊徹次「幻の魚は生きていた」より）

**4**

一方、アキノキリンソウは、蜜《みつ》を少ししか持っていない。ハナアブやハエの仲間は子育てをしないので、蜜をそれほど必要としない。それでも、アキノキリンソウの一つの花から得られる蜜だけでは満腹にはならず、さらに蜜を求めて移動するだろう。この時、彼《かれ》らは、花を見分ける能力はそれほど高くないので、近くに咲《さ》く花から花へ、次々に移動する。

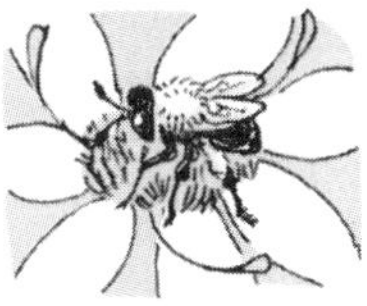

（平成28年度版　教育出版一年153ページ　中村匡男「花の形に秘められたふしぎ」・『草花のふしぎ世界探検』改より）

ハナアブや　　　の仲間が、　　　する時

# 1 指示語

標準問題

得点　／100点

学習日　／　日

**1** 次の文章を読んで、下の問いに答えなさい。

＊初めの問題では、まず化石燃料の問題があります。石油も石炭も天然ガスも、昔の生き物の死骸《しがい》が、地球の中で気が遠くなるほど長い間かかって変化してできたものです。①これらのエネルギー資源が化石燃料といわれるのは②このためなのですが、人類は、長い間かかってできた、このエネルギー資源を大変速いスピードで使ってきました。人類は、資源がつくられた時間よりもはるかに短い時間のうちに、③それを消費し尽《つ》くそうとしているのです。

④そのほか、例えば森林資源の無計画な利用をあげることができるでしょう。アマゾンや東南アジアの国々などでは、輸出品として、次々に木を切り出しているために、森林が年々減ってきています。

＊初めの問題…人類が資源そのものを使い尽くしてしまうかもしれないという問題。

（平成14年度版　教育出版一年49・50ページ　島村英紀「かけがえのない地球」より）

(1) ――線①「これらのエネルギー資源」にあたるものを文章中から探して、すべて書きなさい。（完答12点）

(2) ――線②「このため」の「この」が指す内容を文章中から三十七字（読点「、」も一字に数える）で探し、初めと終わりの五字を書き抜《ぬ》きなさい。（完答12点）

〜

(3) ――線③「それ」にあたるものを文章中から四字で書き抜きなさい。（12点）

(4) ――線④「そのほか」が指し示す内容として最も適切なものを次から選び、記号で答えなさい。（14点）

ア　昔の生き物の死骸《しがい》のほか

イ　資源がつくられた時間のほか

ウ　化石燃料の問題のほか

## 2 次の文章を読んで、下の問いに答えなさい。

皆《みな》さんは、説明をしたり、意見や考えを述べたり、いろいろな場で発言した経験を持っていることと思います。①そういったときに、「えっ、何ですか。」「何と言ったんですか。」などと、友達から言葉を挟《はさ》まれたことはありませんか。周りからそう言われるとますます自分のペースを乱され、ついにはしどろもどろ、大汗《おおあせ》をかいて終わるという苦い体験をした人は少なくないと思います。②これは、声量の不足、つまり声が小さすぎるということがあるかもしれませんが、話し方が速すぎるか、遅《おそ》すぎるかによることが多いのです。話は、③速さによって聞き取りにくくも、聞き取りやすくもなります。このへんのことを考えてみましょう。

日本語という言語を耳から聞いて、いちばん理解しやすい速さというものはどこかにあるはずです。④その速さというものをどのように測定して、量的に表したらよいのでしょうか。例えば、ある話を録音して、それをごく普通《ふつう》の漢字仮名《かな》交じり文で原稿《げんこう》用紙に書いていきます。そして漢字も、数字も、仮名も、句読点なども一字として、一分間に何字という表し方をするのです。⑤こういう速さの決め方をしましょう。

（平成28年度版　東京書籍1年18・19ページ　川上裕之「話し方はどうかな」・『言葉のプロムナード』改より）

(1) ——線①「そういったとき」が指示する内容を文章中から書き抜《ぬ》きなさい。（10点）

とき

(2) ——線②「これ」が指示する内容として適切なものを次から選び、記号で答えなさい。（10点）

ア　大汗《おおあせ》をかくような苦い体験をしたこと。

イ　自分の発言が相手にとって聞きづらかったこと。

(3) ——線③「このへん」が指示する内容を文章中から一文で探し、その初めの五字（読点も含《ふく》む）を書き抜きなさい。（10点）

(4) ——線④「その速さ」とはどんな速さですか。次の文の□にあてはまる言葉を文章中から書き抜きなさい。（10点）

日本語を耳から聞いて、

(5) ——線⑤「こういう速さの決め方」について具体的に書かれているひと続きの二文*を探し、その初めの五字（読点も含む）を書き抜きなさい。（10点）

＊文…まとまった内容を表すひと区切り。終わりに「。」（句点）などがつく。

# 2 接続語

## 基本問題①

得点　／100点

学習日　／　日

### 確認

★ 次の文を［　］の接続語を使って二つの文に分けるとき、あとの［　］にあてはまる言葉を書きなさい。（各10点×2＝20点）

(1) 寒い日が続いたので、風邪《かぜ》をひいた。

寒い日が続いた。
だから、［　　　　］。

(2) 寒い日が続いたが、元気だ。

寒い日が続いた。
しかし、［　　　　］。

！「接続語」とは、前後の語句や文などのつながりを示す言葉です。

《**接続語の働き①（順接）**》
・前の内容が原因・理由、あとにその結果がくる。
→ だから・それで・すると・したがって

《**接続語の働き②（逆接）**》
・前の内容と反対の事柄《ことがら》があとにくる。
→ しかし・だが・ところが・けれども

**1** 説明を参考に、［　］にあてはまる言葉をあとから選んで、記号で答えなさい。（各10点×4＝40点）

① 《**接続語の働き③（並立《へいりつ》・累加《るいか》）**》
・前の事柄に、あとの事柄を並べたり付け加えたりする。
→ また・そして・そのうえ・しかも

遊園地に行きたいがお金がない。また、［　］。

ア 遊びに行くひまはある
イ 遊びに行くひまもない
ウ 遊びに行くひまを見つけたい

［　　］

② 《**接続語の働き④（対比・選択《せんたく》）**》
・前の事柄とあとの事柄を比べたり、選んだりする。
→ または・あるいは・それとも・むしろ

図書館で調べるか、またはインターネットを使って［　］。

ア 調べよう
イ 調べられない
ウ 調べてはいけない

［　　］

### ③《接続語の働き⑤（説明・補足）》

・前の事柄《ことがら》を、あとでまとめたり、補ったりする。

→ **つまり**・**なぜなら**・**例えば**・**ただし**

彼は会議にいなかった。つまり、□ということだ。

ア　会議を欠席した
イ　会議に出席した
ウ　会議を見学した

□

### ④《接続語の働き⑥（転換《てんかん》）》

・前の事柄から話題を換《か》えて、別の事柄を述べる。

→ **さて**・**ところで**・**では**・**ときに**

道路情報は以上です。さて、次は□をお送りします。

ア　道路情報
イ　天気予報
ウ　正確な情報

□

---

## 2 □にあてはまる接続語をあとから選んで、記号で答えなさい。（各10点×4＝40点）

① 明日は花火大会だ。□、妹は天気ばかり気にしている。

ア　また　イ　それで　ウ　ところが

□

② 梅はすでに咲《さ》いた。□、桜はまだ咲いていない。

ア　だが　イ　だから　ウ　あるいは

□

③ 雨が次第《しだい》に強くなってきた。□、雷《かみなり》まで鳴り出した。

ア　ただし　イ　むしろ　ウ　そのうえ

□

④ 多くの民族によって成り立っている国がある。□、アメリカがその一つである。

ア　そして　イ　例えば　ウ　では

□

# 2 接続語

## 基本問題②

得点
／100点

学習日
／　日

**1** 次の文章を読み、　　の接続語の働きについてまとめたあとの文の□にあてはまる言葉を文章中から書き抜《ぬ》きなさい。（各10点×4＝40点）

①
私たちは、ひと目見たときの印象に縛《しば》られ、一面のみをとらえて、その物の全てを知ったように思いがちである。しかし、一つの図でも風景でも、見方によって見えてくるものがちがう。**そこで**、物を見るときには、ちょっと立ち止まって、他の見方を試《ため》してみてはどうだろうか。中心に見るものを変えたり、見るときの距離《きょり》を変えたりすれば、その物の他の面に気づき、新しい発見の驚《おどろ》きや喜びを味わうことができるだろう。

（平成28年度版　光村図書１年51・52ページ　桑原茂夫「ちょっと立ち止まって」・『だまし絵百科』改より）

**そこで**のあとでは、物を見るときには、□□□□□□□□□□、他の見方を試《ため》すことをすすめている。その理由として、**そこで**の前で、一つの物でも□□によって見えてくるものがちがうということが述べられている。**そこで**の前の事柄《ことがら》は、**そこで**のあとに述べる筆者の提案の理由となっている。

②
〔「わたし」が唐子《からこ》のような着物を着た子を写生していると、子どもたちが「わたし」の絵を見に近寄ってきた。〕

たちまちどやどやとやって来て、みんなでのぞいた。年かさのが、唐子の服装をした子を指して、「お前がかかれたぞ。」とでもいうような様子をした。**すると**、わいわいと言いだして、わたしの横からのぞく者、背後からのぞく者、中には無遠慮《ぶえんりょ》なのが、指を突《つ》き出してもうわたしの画面を突ついて、「ここが頭で、ここが足だ。手だ。」などというように、自分の発見を得意になって説明を引き受けているのさえある。**が**、ちっともその言うことが聞き取れない。

〔　〕部分要約

（平成18年度版　学校図書１年156・157ページ　金田一京助「片言を言うまで」・『金田一京助全集　第十四巻』より）

**すると**の前では、「わたし」の絵をはやす□□□の子の様子が書かれ、あとでは、その結果、みんながわいわい言いだしている様子が書かれている。
また、**が**の前では、筆者に自分の発見を説明する子のことが、あとでは、その得意な説明にもかかわらず、その子の言葉が□□□□□□ことが書かれている。

## 2 次の文章を読んで、あとの問いに答えなさい。

**1**

地球は「人類の財産」です。いや、地球は「地球の財産」だというべきかもしれません。この財産を、人類のみで山分けして都合のいいように使い尽《つ》くしてしまうのか、□人類のみならず、地球全体の資産として未来のために生かせるのか、このことが、今日、わたしたちに問われているのです。

（平成14年度版　教育出版1年56ページ　島村英紀「かけがえのない地球」より）

**(1)** □に入る接続語の働きについてまとめた次の文の□にあてはまる言葉を、文章中から書き抜《ぬ》きなさい。（各10点×2＝20点）

「地球の財産」の扱《あつか》い方について、□の前では、□□のみが使い尽《つ》くすという方法を示し、□のあとでは、□□□□□□として未来のために生かすという方法を示している。□の前後で二つの方法を示し、どちらかを選ぶことを問いかけている。

**(2)** □にあてはまる接続語を次から選び、記号で答えなさい。（10点）

ア　なお
イ　だが
ウ　それとも

□

---

**2**

陸上の動物の場合、体の水分が失われる要因としては、呼吸・発汗《はっかん》・排《はい》せつの三つがある。だが、海洋では水蒸気が比較的《ひかくてき》多く、湿度《しつど》が非常に高いので、呼吸によって失われる水分の量はきわめて少ない。また、クジラには汗腺《かんせん》がないため、汗《あせ》によって水分が失われることはない。□、クジラの場合、貴重な水分は主に排せつによって失われることになる。これはもったいない話のように思える。けれども、尿《にょう》を出すことは、どうしても体内に取り込《こ》んでしまう余分な塩分や老廃物《ろうはいぶつ》を排出するという重要な役目を果たしているのである。

（平成28年度版　三省堂1年39・40ページ　大隅清治「クジラの飲み水」より）

**(1)** □に入る接続語の働きについてまとめた次の文の□にあてはまる言葉を、文章中から書き抜きなさい。（各10点×2＝20点）

体の水分が失われる三つの要因のうち、□の前では、クジラの場合は、□□と発汗《はっかん》で失われることが少ないと述べ、□のあとでは、残りの一つである□□□で失われると述べている。□の前の事柄《ことがら》が理由となり、□のあとにその結果を述べている。

**(2)** □にあてはまる接続語を次から選び、記号で答えなさい。（10点）

ア　また
イ　したがって
ウ　ところが

□

# 2 接続語

## 基本問題③

得点
／100点

学習日
／ 日

**1** 次の文章を読み、□にあてはまる言葉をあとから選んで、記号で答えなさい。（各15点×2＝30点）

1 病院やリハビリテーションセンターでは、治療《ちりょう》やリハビリテーションの手段の一つとして、運動やスポーツを取り入れています。また、治療やリハビリテーションを終えてから、楽しみや健康のため、あるいは、生きがいを求めて日常的に運動やスポーツを実践《じっせん》している□。

（平成14年度版 東京書籍1年115ページ 藤田紀昭「ディサビリティ・スポーツの可能性」・『ディサビリティ・スポーツ』より）

ア 人もいます
イ 人はいません
ウ 人がいなくなりました

2 「薩摩《さつま》では、切子《きりこ》は藩主《はんしゅ》の手厚い保護のもとで作られ、作品は、一般《いっぱん》の人々の手には届きませんでした。だから、藩がほろびたら□。（以下略）」

（平成14年度版 教育出版1年210・211ページ 小関智弘「ものづくりに生きる」より）

ア 技術が進歩しました
イ 技術もすたれました
ウ 技術は保護されました

**2** 次の文章を読み、□にあてはまる接続語をあとから選んで、記号で答えなさい。（各10点×4＝40点）

1 楽しいから笑うのか、笑うから楽しいのか。この問いへの答えは明らかなように思えます。□私たちは日常の体験をとおして、楽しいことがあれば自然に笑《え》みがこぼれることを、よく知っているからです。

（平成28年度版 教育出版1年34ページ 池谷裕二「笑顔という魔法」より）

ア それで
イ なぜなら
ウ むしろ

2 ペンギンの体をほぼすき間なく覆《おお》っているこの羽根は、水にぬれたり海中に潜《もぐ》って水圧がかかったりすると、まるで全体が一枚の柔《やわ》らかい布のようにつながるというしくみになっています。□、ペンギンの羽根は、防水性のコートやウエットスーツの役目を果たしているのです。

（平成28年度版 三省堂1年32・33ページ 上田一生「ペンギンの防寒着」より）

ア つまり
イ すると
ウ それとも

**3**

北海道襟裳岬《えりもみさき》。北海道を背骨のように南北に走る日高山脈《ひだかさんみゃく》の先端《せんたん》が、沖合《おきあい》数キロメートルまで海藻《かいそう》のしげる岩礁《がんしょう》となって太平洋に延びている。緑の丘《おか》の上には白い灯台が建ち、浜辺《はまべ》には見渡《みわた》すかぎりクロマツの針葉樹林が続いている。

□五十年前、この辺りは「襟裳砂漠《さばく》」とよばれていた。どこまで行っても草木のない砂地と砂山であり、風速十メートルをこえる風にその砂が飛ばされて、目も開けられないほどであったという。

（平成14年度版　光村図書1年114・115ページ　松永勝彦「魚を育てる森」より）

ア　そして
イ　または
ウ　ところが

□

**4**

赤道近くの熱帯で温められた空気は上昇《じょうしょう》して南北へ向かい、極地で降下して寒気をやわらげる。いっぽう、極地の冷たい空気は赤道に向かい、熱帯の暑さをやわらげる。このように、熱帯と極地の温度差によって、大気の大循環《だいじゅんかん》が生まれる。

□、この温度差は何から生じているのだろう。

（平成28年度版　光村図書出版1年275ページ　青田昌秋「流氷と私たちの暮らし」より）

ア　あるいは
イ　なぜなら
ウ　では

□

## 3 次の文章の[A]～[C]にあてはまる接続語を、あとからそれぞれ一つずつ選び、記号で答えなさい。（各10点×3＝30点）

スズメは本当に減っているのでしょうか。あまりに身近な鳥なので、大人たちが、郷愁《きょうしゅう》から、「昔はスズメもあんなにいたのに……。」と思《おも》い込《こ》んでしまっているだけかもしれません。また、「減っている」と言われるから、つい、そうなのかもと思ってしまっている可能性もあります。[A]、曖昧《あいまい》な感覚や人のうわさのみを根拠《こんきょ》にして、スズメが減っていると断言するわけにはいきません。

[B]、私は、スズメが本当に減っているかどうかを、科学的に検証してみることにしたのです。そのときに必要となるものは、先に述べたような、感覚や記憶《きおく》に頼《たよ》った曖昧なものではなく、誰《だれ》が調べても同じ値《あたい》になる客観性のある記録です。[C]、できるだけ長い期間にわたって取られた記録が必要です。

（平成28年度版　東京書籍1年99ページ　三上修「スズメは本当に減っているか」より）

ア　そこで
イ　ところで
ウ　しかも
エ　したがって

A □
B □
C □

## 標準問題

得点　　／100点
学習日　　／　　日

**1　次の文章を読んで、下の問いに答えなさい。**

　駅で障害者が困っている姿を見かけた。しかし、どのように声をかけたらいいのか分からずに、結局、その場をやり過ごしてしまった。みなさんにも、そんな経験がないだろうか。それは、「慣れ」の問題によるためらいにほかならない。

　［A］、ここで多くの人は、「ああ、どうして自分は声をかけなかったのだろう。」と自己嫌悪《けんお》におちいる。だが、僕《ぼく》はそこで自分を責める必要はないと思う。普段《ふだん》、街を歩いていて障害者を見かける機会はまだまだ少ない。普段、あまり接していない人々に対して適切な対応をしろと言われても難しいものだ。

　これは、障害者に限っての話ではない。

　［I］、自分の家のとなりに外国人が引っこしてきたとする。やはり、最初は驚《おどろ》き、とまどってしまうだろう。［B］、数週間がたち、彼《かれ》らの文化や生活習慣に対する「なぞ」が解き明かされていくうちに、「どこどこの国から来た○○さん」ではなく、「ご近所のうちの一人の○○さん」と考えられるようになるはずだ。

（平成14年度版　学校図書1年135・136ページ　乙武洋匡「心のバリアフリー」・『五体不満足』より）

(1) ［A］・［B］にあてはまる言葉の組み合わせとして最も適切なものを次から選び、記号で答えなさい。（10点）

ア　つまり・だから
イ　しかし・なぜなら
ウ　そして・しかし

(2) ――線部とありますが、困っている障害者に声をかけずに、その場をやり過ごしてしまったことに対して、筆者はなぜ「自分を責める必要はない」というのですか。その理由として最も適切なものを次から選び、記号で答えなさい。（10点）

ア　過度な手助けは、自立を目指す障害者のさまたげとなるから。
イ　接する機会の少ない障害者に適切な対応をするのは難しいから。
ウ　自己嫌悪《けんお》におちいり、十分に反省したから。

(3) ［I］について説明した次の文の［①］にあてはまる言葉を文章中から二字で書き抜《ぬ》きなさい。また、［②］にあてはまる言葉をあとから選び、記号で答えなさい。（各10点×2＝20点）

［I］の前では、「［①］」の問題によるためらいから適切な対応ができないのは「障害者に限っての話ではない」と述べている。そして、［I］のあとで、外国人に対する例があげられている。ここから［I］には［②］が入る。

①

②
ア　また（並立《へいりつ》・累加《るいか》）
イ　例えば（説明・補足）

## 2 次の文章を読んで、下の問いに答えなさい。

田沢《たざわ》湖の南に広がる一帯は、大きな川が少なく、農業用水を確保することが難しかった。近くを流れる玉川《たまがわ》は、水量はあるが強い酸性の水で、農業にも、また多くの生物の生活にも適さなかった。（Ⅰ）

［A］、その田沢湖一帯を巡《めぐ》る事態が変わり始める。一九三四年、東北地方を大凶作《だいきょうさく》が襲《おそ》うと、食料の増産が人々にとって切実な課題となった。そこで、玉川の水を田沢湖に引き入れて酸性を弱め、それを農業用水として使うこと、また、電力の供給を増やすため、湖の水を水力発電に利用することが計画された。酸性の水はクニマスをはじめとする田沢湖の生物に打撃《だげき》を与《あた》えてしまう。（Ⅱ）

こうしてクニマスは、人の手による環境《かんきょう》の改変によって、他の多くの生物と共に田沢湖から姿を消した。［B］、地元の人々の生活に根ざしていたクニマスを巡る文化も同時に消えていった。（Ⅲ）

（平成28年度版 光村図書出版1年165・166ページ 中坊徹次「幻の魚は生きていた」より）

(1) ［A］・［B］にあてはまる接続語として最も適切なものをそれぞれ次から選び、記号で答えなさい。（各10点×2＝20点）

ア なぜなら
イ そして
ウ ところが
エ 例えば

A ［　］　B ［　］

(2) ——線「また」の働きについて説明した次の文の［　］にあてはまる言葉を、文章中から書き抜《ぬ》きなさい。（各5点×3＝15点）

「また」は、東北地方を［　　　］が襲《おそ》った際、［　　　］一帯に住む人々の［　　　　　］［　］という課題を解決するための計画を、二つ並べていることを表す接続語である。

(3) 次の〔　〕の一文は、（Ⅰ）～（Ⅲ）のどこに入れるのがよいですか。記号で答えなさい。（25点）

〔しかし、人々の生活のためにはやむをえず、一九四〇年、玉《たま》川の水は田沢《たざわ》湖に引き入れられたのである。〕

［　］

# 3　内容の理解

## 基本問題①

得点
／100点

学習日
／　日

### 確認

★次の文章を読み、――線部を参考にして[A]・[B]にあてはまる言葉をあとからそれぞれ選び、記号で答えなさい。（各10点×2＝20点）

「絶滅《ぜつめつ》したはずのクニマスが生きていた。」二〇一〇年十二月、このニュースが大きく報じられた。クニマスは、サケの仲間で、世界中で秋田県の田沢湖《たざわこ》だけに生息していたが、一九四〇年頃《ごろ》に[A]。ところが、七十年後、田沢湖から遠く離《はな》れた山梨県の西《さい》湖で発見されたのである。時を超《こ》えて再び私たちの前に[B]クニマス。クニマスはなぜ田沢湖で絶滅したのだろう。

（平成28年度版　光村図書出版1年164ページ　中坊徹次「幻の魚は生きていた」より）

ア　姿を消した　　イ　姿を現した

A［　　］　B［　　］

！　説明的文章の内容を正確に理解するには、同じ意味を表す別の表現、くわしく言い換《か》えて説明した表現、対比的に述べられた事柄《ことがら》などに注意しましょう。さらに、文章の内容を表す重要語句にも着目しましょう。

**1**　次の文章を読み、――線部を参考にして[A]・[B]にあてはまる言葉を文章中から書き抜《ぬ》きなさい。（各10点×2＝20点）

人類の活動は、初めのうち、地球にとってはなんの影響《えいきょう》もない小さなできごとにしかすぎませんでした。森の木を切り倒《たお》して農業を始めたのも、その木を燃やして食事をつくったのも自然破《は》壊《かい》にはちがいありませんが、その規模は地球の回復能力を超《こ》えてはいなかったのです。しかし最近は違《ちが》います。特に十九世紀末以来、[A]は[B]を超えてしまいました。つまり人類の活動が、地球全体に大きな影響を与《あた》えるようになってしまったのです。

（平成14年度版　教育出版1年48ページ　島村英紀「かけがえのない地球」より）

A［　　　　］（漢字四字）

B［　　の　　　　］

## 2 次の文章を読んで、あとの問いに答えなさい。

人間の話には、起承転結《きしょうてんけつ》があり、緩急《かんきゅう》があり、強弱があります。重要な部分の話はゆっくり、そうでないところは速くなるのが普通《ふつう》です。そのことを一言で「話の表情」というとしますと、淡々《たんたん》と＊一分間に三百字の速さで話すのでは無表情です。無表情の人に魅力《みりょく》がないのと同じように、分かりやすい、聞きやすい、理解しやすい話にはなりません。話の内容に合った□が必要です。

＊一分間に三百字の速さで話す…筆者は、一分間に三百字の速さで話すのが聞き取りやすい速さだとしている。

（平成28年度版　東京書籍1年21・22ページ　川上裕之「話し方はどうかな」・『言葉のプロムナード』改より）

(1) ――線「話の表情」についてまとめた次の文の□にあてはまる言葉を文章中から書き抜《ぬ》きなさい。（各4点×5＝20点）

話の□□□□や□□、□□のこと。普通《ふつう》、重要な部分は□□□□、そうでないところは□□なる、というようなこと。

(2) □にあてはまる言葉を文章中から漢字二字で書き抜きなさい。（10点）

□□

## 3 次の文章を読んで、あとの問いに答えなさい。（各15点×2＝30点）

＊腐植土《ふしょくど》は、上に積もった落ち葉の層が水分の蒸発を防いで、いつも湿《しめ》っている。水を吸ったスポンジのようになっていると思えばよい。スポンジに少し水分を含《ふく》ませておいて上から水を垂らすと、水はスポンジにしみこんでいく。さらに垂らし続けると、やがてスポンジの下から水が流れ出す。同じように、湿った腐植土は雨水を地中に保ち、適量を地下水として流し続ける役割を果たしている。それで、森林は「緑のダム」ともよばれている。

＊腐植土…落ち葉や枯《か》れ枝、動物のふんや死体などが微生物《びせいぶつ》によって分解され、風化した岩石と混じり合ってできた、黒く湿った土。

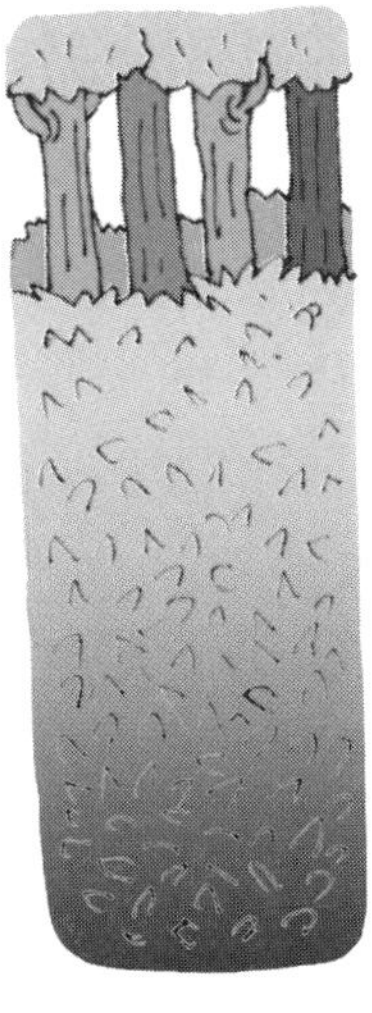

（平成14年度版　光村図書1年117・118ページ　松永勝彦「魚を育てる森」より）

・「腐植土《ふしょくど》」、「森林」は、それぞれ何にたとえられていますか。文章中から腐植土は九字、森林は四字で書き抜きなさい。

腐植土…□□□□□□□□□

森林……□□□□

# 3 内容の理解

## 基本問題②

得点
／100点

学習日
月 日

**1** 次の文章を読んで、あとの問いに答えなさい。（20点）

かつてこんにゃくは、栄養価やカロリーが低くあまり役に立たない食品だと考えられていました。しかし今では、食物繊維《せんい》を多く含《ふく》むことや、以前は評価されなかった低カロリーであることがよいとされ、歓迎《かんげい》されています。

（平成28年度版 東京書籍１年280ページ 古田ゆかり「『常識』は変化する」より）

・**こんにゃくのとらえ方は、かつてと今とでどのように変化しましたか。最も適切なものを次から選び、記号で答えなさい。**

**ア** かつては、栄養価やカロリーの面から健康によい食品として尊重されていたが、今では、低カロリーであるため役に立たない食品と考えられている。

**イ** かつては、栄養価やカロリーの面から役に立たない食品と考えられていたが、今では、食物繊維《せんい》を多く含《ふく》むことや低カロリーであることから歓迎《かんげい》されている。

**ウ** かつては、栄養価やカロリーが低く注目されていなかったが、今では、栄養価やカロリーが改良されたため、関心を持たれるようになった。

□

**2** 次の文章を読んで、あとの問いに答えなさい。

動物を理解するには、彼《かれ》らがどのような生息環境《かんきょう》で暮らしているのかを知ることが重要です。動物の生息地を知り、それぞれの環境に適応して生活している様子を捉《とら》えることが必要になります。現在、動物園ではこのような動物の生息地の環境を再現し、その本来の習性や行動を発揮させて、自然界での動物の暮らしに対する理解を図《はか》ろうという動きが進められています。十数年前にアメリカで始められたこれらの動きは生態的展示と呼ばれ、我《わ》が国にも取り入れられるようになっています。

（平成28年度版 学校図書１年62・63ページ 若生謙二「変わる動物園」・『変わる動物園―檻から生態的展示へ―』より）

(1) **――線「生態的展示」とは、どんな展示の仕方ですか。次の□にあてはまる言葉を文章中から書き抜《ぬ》きなさい。**（各10点×2＝20点）

動物の□□□□□□を再現し、その中で動物本来の□□□□□を発揮させて、自然界での動物の暮らしを理解しようとする展示の仕方。

(2) **――線「生態的展示」が始められたのはどこの国ですか。**（12点）

□

## 3 次の文章を読んで、あとの問いに答えなさい。（各8点×3＝24点）

日本の多くの漁村は、山の迫《せま》った険しい地形の所にあります。港に続く狭《せま》い谷間にひしめき合うように家が集まっています。しっかり身を寄せ合うこの形は、厳しい自然に対抗《たいこう》し、協力し合って海からの収穫《しゅうかく》を求める姿勢なのです。一方、農村や山村では、平地はお米や野菜を作るために大切な所です。多くの集落は、平地の終わった山裾《やますそ》にあります。稲作《いなさく》を中心とした日本の農業は、協力し合って働かなければならないものでした。それぞれのたんぼに、公平に水が行きわたることが必要だったからです。田植えや刈《か》り入れ、茅《かや》ぶき屋根のふき替《か》えなど、さまざまなことが共同で行われてきました。厳しい□を相手に、生産するのはたいへんなことです。集まって住むことは、生きていくために必要なことなのです。

（平成28年度版　東京書籍1年177ページ　元倉眞琴「集まって住む」・『集まって住む』より）

(1) ①「日本の多くの漁村」と②「農村や山村」の集落とはどんなものですか。①は八字、②は九字の言葉を文章中から書き抜《ぬ》きなさい。

① 〔□□□□□□□□にひしめき合うように家が集まっている。〕

② 〔□□□□□□□□□にある。〕

(2) □にあてはまる言葉を次から選び、記号で答えなさい。

ア 農業　イ 生活　ウ 自然

---

## 4 次の文章を読んで、あとの問いに答えなさい。（各12点×2＝24点）

〔動物の生息地の環境《かんきょう》を再現しようとする生態的展示が日本の動物園でも取り入れられるようになった。〕

観客と動物を隔《へだ》てる堀《ほり》は、植物で視界から隠《かく》され、観客は端《はし》から少し見上げて動物を観察するような形になります。これは他の観客の姿が丸見えで、堀の上から大きな声で話しながら動物を見下ろす、これまでの動物園の展示とは正反対のあり方です。サル山に餌《えさ》を放り投げる感覚を思い出してください。これまでの展示は無意識に動物に対して優位に立つ感覚を生み出していたのです。生態的展示では、動物が生きることの意味や自然の価値を無意識に感じ取るような体験をつくり出そうとしています。

〔　〕部分要約

（平成28年度版　学校図書1年64ページ　若生謙二「変わる動物園」・『変わる動物園―檻から生態的展示へ―』より）

(1) ——線「動物を見下ろす」とありますが、これはどのような展示ですか。文章中から十一字で書き抜《ぬ》きなさい。

□□□□□□□□□展示

(2) (1)とは正反対の展示を何といいますか。文章中から書き抜きなさい。

# 3 内容の理解

## 標準問題

得点
／100点

学習日
月　日

**1** 次の文章を読んで、下の問いに答えなさい。

①激しい運動をすると体温が上がり汗《あせ》をかきます。汗で体内の水分が減り、体温が高い状態が続くと、体の調子が悪くなり、思うような動きができなくなります。そればかりか、ひどい場合は＊脱水症状《だっすいしょうじょう》を起こして命の危険を招くこともあります。そのため、水分を補給する必要があるのです。

②今ではあたりまえになった給水の光景ですが、数十年前は全く違《ちが》っていました。かつては、運動中は水を飲んではいけないと教えられており、暑い日の部活動でも、喉《のど》の渇《かわ》きを我慢《がまん》して練習を続けていたのです。やがて、水分補給の大切さが明らかになると、我慢することによって根性《こんじょう》を養うよりも、水分を補給して体調を整えるほうがよい結果が得られると考えられるようになりました。

それまでよいと思われていたこと、反対によくないとされていたことが、あるときを境にがらりと変わってしまう。一見不思議なことのように思いますが、実はこのように「常識」が変化するのは珍《めずら》しいことではありません。むしろ、よくあることだと考えたほうがよいくらいです。

＊脱水症状…体内の水分が少なくなった状態のこと。

（平成28年度版　東京書籍1年278・279ページ　古田ゆかり「『常識』は変化する」より）

(1) ――線①とありますが、激しい運動をして汗《あせ》をかいたときには、何をする必要がありますか。次の文の□にあてはまる言葉を文章中から七字で書き抜《ぬ》きなさい。（10点）

〔□□□□□□□　必要がある。〕

(2) ――線②について、次の①・②の問いに答えなさい。

① 数十年前はどんなことが常識だったのですか。最も適切なものを次から選び、記号で答えなさい。（10点）

ア　運動中は水を飲まないこと。
イ　運動中は休憩《きゅうけい》しないこと。
ウ　運動中は暑さを我慢《がまん》すること。

□

② 給水があたりまえになったのは、どのように考えられるようになったからですか。それがわかる一文を探し、その初めの三字を書き抜きなさい。（15点）

□□□

(3) この文章で、筆者は常識についてどのように述べていますか。最も適切なものを次から選び、記号で答えなさい。（15点）

ア　一度常識とされたことを変化させるのは難しい。
イ　常識があるときを境に急に変化するのはよくあることである。
ウ　常識があるときがらりと変化するのは不思議なことだ。

□

## 2 次の文章を読んで、下の問いに答えなさい。

> 人類が、地球という財産を利用することにより、さまざまな問題が生まれている。第一は資源を使い果たすのではないかという問題、第二は資源を使うときに出る副産物の問題、第三は新しくできた製品のもたらす問題である。

第二の、①副産物の問題も深刻です。例えば、わたしたちがエネルギーを得るために自然を資源として活用するにつれて、二酸化炭素が増えてくるという問題があります。自動車や飛行機や船のエンジンが動いたら、必ず②二酸化炭素が出ます。工場や火力発電所からも出ます。ストーブをたいても出ます。地球に優《やさ》しいはずの電気自動車でさえ、充電用の電気をつくるために大量の二酸化炭素を生むのです。実は二酸化炭素は、地球が誕生した時には大変な量がありました。その後、地球がようやく海や岩の中に取りこんだおかげで減った二酸化炭素が、今度はわたしたちのせいで、また増え始めているのです。

このことは、地球にどのような影響《えいきょう》を与《あた》えるのでしょうか。

あちこちからはき出された二酸化炭素は重いガスですから、かけぶとんのように地球をおおってしまいます。この目に見えない透明《とうめい》なかけぶとんが、温室のガラスの役目をして太陽から来た熱を閉じこめてしまうので、地球の温度が上がるのです。こうして地球の温度が上がれば、世界の気候が変わるばかりではなく、氷河がとけて海の水が増え、海面が上がって海ぎわの都市が水没《すいぼつ》するのではないかともいわれています。

（平成14年度版　教育出版1年50～52ページ　島村英紀「かけがえのない地球」より）〔　〕部分要約

(1) ――線①「副産物」とは、ここでは何のことですか。文章中から一語で書き抜きなさい。（10点）

□

(2) 筆者は、――線②「二酸化炭素」を、①何にたとえ、②それがどのような役目をすると言っていますか。①は五字、②は六字で文章中から書き抜きなさい。（各10点×2＝20点）

① □□□□□

② □□□□□□

(3) 二酸化炭素が増えると、地球にどのような影響《えいきょう》が出てきますか。次の□にあてはまる言葉を文章中から書き抜きなさい。（各4点×5＝20点）

① 二酸化炭素が地球の周りをおおって、□を閉じこめてしまうので、□が上がる。

② 世界の□が変わり、□がとけて海の水が増え、□が上がる。

# 4 段落の要点と文章構成

## 基本問題①

得点

／100点

学習日

／ 日

**確認**

★ 次の文章を読み、段落の要点と文章構成について下の問いに答えなさい。

[1]日本ではいつのまにか、本は、「当然読むべき」ものから「別に読まなくてもいい」ものへと変化してしまった。

[2]これも時代の変化だ、とおだやかに受け入れてしまう人もいるかもしれないが、私はまったく反対だ。読書はしてもしなくてもいいものではなく、ぜひとも習慣化すべき「技」だと頑固《がんこ》に考えている。

[3]私自身が、自己形成において多大な＊恩恵《おんけい》を読書から得てきたということももちろんあるが、それだけでなく、「読書力」は日本の地力だからだ。私は、この国は読書立国だと勝手に考えている。国家にこだわっているわけではない。自分の生きている社会の存立基盤《そんりつきばん》を考えると、読書を核《かく》とした向学心や好奇心《こうきしん》が実に重要なものだと思えてくるのである。

＊恩恵…めぐみ。

（齋藤孝『読書力』岩波新書より）

※[1]～[3]は段落番号を表します。

(1) [1]段落の内容として正しいものを次から選び、記号で答えなさい。（20点）

ア 読書に関する筆者の予想。

イ 読書に関する日本の現状。

(2) [2]段落の要点をまとめた次の文の□にあてはまる言葉を、文章中から書き抜《ぬ》きなさい。（20点）

読書はしてもしなくてもいいものではなく、□「技」だ。

(3) 上の文章の構成として適切なものを次から選び、記号で答えなさい。（20点）

ア [1]段落の内容について[2]段落で筆者の考えを述べ、[3]段落でその考えをさらに発展させている。

イ [1]段落の内容について[2]段落で筆者の考えを述べ、[3]段落でその考えの根拠《こんきょ》を述べている。

ウ [1]段落の内容について[2]段落で筆者の考えを述べ、[3]段落でそれをふまえた結論を述べている。

！ 文章全体の内容を正しく読み取るには、各段落の要点をとらえ、段落どうしがどのような関係にあるのかに注意して、文章構成を考えることが大切です。

## 1 次の文章を読み、1・2段落の要点をまとめたあとの文の□にあてはまる言葉を、文章中から書き抜《ぬ》きなさい。（各10点×2＝20点）

1ディサビリティ・スポーツとはいったいどういうものなのでしょうか。簡単にいうと、障害のある人が実践《じっせん》できる運動やスポーツということです。

2ディサビリティ・スポーツはさまざまなところで、さまざまな目的を持って行われています。病院やリハビリテーションセンターでは、治療《ちりょう》やリハビリテーションの手段の一つとして、運動やスポーツを取り入れています。また、治療やリハビリテーションを終えてから、楽しみや健康のため、あるいは、生きがいを求めて日常的に運動やスポーツを実践している人もいます。

※1・2は段落番号を表します。

（平成14年度版　東京書籍1年115ページ　藤田紀昭「ディサビリティ・スポーツの可能性」『ディサビリティ・スポーツ』より）

1段落…ディサビリティ・スポーツとは、□が実践《じっせん》できる運動やスポーツである。

2段落…ディサビリティ・スポーツは、さまざまなところで、さまざまな□を持って行われている。

## 2 次の文章を読み、1・2段落の要点をまとめたあとの文の□にあてはまる言葉を、文章中から書き抜《ぬ》きなさい。（各10点×2＝20点）

1一般《いっぱん》に動物は食べ物を消化して、脂肪《しぼう》や炭水化物やタンパク質を分解する。そのときにエネルギーと水ができるのだ。クジラはこの水を利用しているのである。特に脂肪が体内で分解されるときには、炭水化物やタンパク質に比べ、多くの水が生まれる。幸運なことに、クジラの食べ物には多量の脂肪分が含《ふく》まれているのである。

2また、クジラの体には多くの脂肪が蓄《たくわ》えられている。だから、食べ物を口にしないときも、クジラはこの脂肪を分解して水を得ることができるのである。砂漠《さばく》にいるラクダも、背中のこぶにためた脂肪を分解して水を得ることによって、長時間水を飲まずに暮らすことができる。

（平成28年度版　三省堂1年39ページ　大隅清治「クジラの飲み水」より）

1段落…クジラは、体内で食べ物を消化し、脂肪《しぼう》や炭水化物などを□するときにできる水を利用している。

2段落…クジラは、食べ物を食べないときも、体に多く蓄《たくわ》えられている□を分解して水を得ることができる。

# 4 段落の要点と文章構成

## 基本問題②

得点 ／100点

学習日 ／ 日

**1** 次の文章を読んで、下の問いに答えなさい。

1森林では、底部に落ち葉や枯《か》れ枝が積み重なる。森にすむ動物たちのふんや死体もある。これらは、微生物《びせいぶつ》によって次第《しだい》に分解され、風化によって砕《くだ》かれた岩石と混じり合って、黒い湿《しめ》った土になる。これを腐植土《ふしょくど》という。

2腐植土は、上に積もった落ち葉の層が水分の蒸発を防いで、いつも湿っている。水を吸ったスポンジのようになっていると思えばよい。スポンジに少し水分を含《ふく》ませておいて上から水を垂らすと、水はスポンジにしみこんでいく。さらに垂らし続けると、やがてスポンジの下から水が流れ出す。同じように、湿った腐植土は雨水を地中に保ち、適量を地下水として流し続ける役割を果たしている。それで、森林は「緑のダム」ともよばれている。

3腐植土がないと、こうした調整作用が失われ、雨は地表を流れ、直接河川《かせん》に入る。これは、大洪水《こうずい》になったり渇水《かっすい》になったりと、河川の水量が著《いちじる》しく変動する要因になる。河川の生物が生きるためには、一定の水量が必要であるが、渇水になれば淡水魚《たんすいぎょ》や河川で産卵《さんらん》するサケなどの魚は生活できない。

※1～3は段落番号を表します。

（平成14年度版　光村図書1年117・118ページ　松永勝彦「魚を育てる森」より）

・［　　］にあてはまる言葉を文章中から書き抜《ぬ》き、段落の要点をまとめなさい。（各10点×4＝40点）

**1段落（腐植土《ふしょくど》とはどういうものかを示している。）**

森林では、落ち葉や枯《か》れ枝、動物のふんや死体が、微生物《びせいぶつ》に分解され、風化した岩石と混じって［　　］になる。

**2段落（腐植土の役割について説明している。）**

雨水を保ち、適量を地下水として流すスポンジのような腐植土の役割によって、森林は「［　　］」ともよばれる。

**3段落（腐植土がない場合に起こる被害《ひがい》について説明している。）**

腐植土がないと、［　　］が失われ、河川《かせん》の水量が著《いちじる》しく［　　］する要因になり、魚の生活に影響《えいきょう》を与《あた》える。

## 2 次の文章を読んで、下の問いに答えなさい。

1マルハナバチなどハナバチの仲間が多く訪《おとず》れていたオオバスノキの花は、お寺の釣《つ》り鐘《がね》のような形で、下を向いて咲《さ》く。ハナバチの仲間は、花の扱《あつか》いにたけており、花のふちのわずかな反り返りをうまくつかんで、花の奥《おく》まで顔を入れ、長いストロー状の口を使って蜜《みつ》をなめることができていた。ハナアブやハエなどの、花に止まるのが不得手な昆虫《こんちゅう》は、入り口を下に向けて咲くオオバスノキの蜜をなめることができなかった。

2一方、ハナアブやハエの仲間がよく訪れていたアキノキリンソウは、小さな花がたくさん集まって、一つの大きな花の穂《ほ》を形作っている。足がかりとなる凸凹《でこぼこ》も多い。また、一つずつの花は小さいため、蜜は浅い場所にある。これらのおかげで、花に止まるのがうまくなく、舌が短いハナアブやハエでも、蜜をなめることができていたのだ。

3人間には、小さな違《ちが》いに見える花の形であるが、訪れる昆虫たちには、蜜をなめることができるかどうかが決まる大きな違いであったのだ。このことから、花によって訪れる昆虫に偏《かたよ》りが見られるのは、それぞれの花の形によって、蜜をなめる昆虫の種類が、ある程度制限されているから、と考えることができる。

※1～3は段落番号を表します。

（平成28年度版　教育出版Ⅰ年150～152ページ　中村匡男「花の形に秘められたふしぎ」・『草花のふしぎ世界探検』改より）

・□にあてはまる言葉を文章中から書き抜《ぬ》き、段落の要点をまとめなさい。（各15点×4＝60点）

1段落（オオバスノキの花の形と昆虫《こんちゅう》の様子を説明している。）

オオバスノキの花は、入り口を下に向けて咲《さ》くため、花の扱《あつか》いにたけている［　　　　］の仲間は蜜《みつ》をなめることができるが、花に止まるのが不得手なハナアブやハエなどの昆虫は、蜜をなめることができない。

2段落（アキノキリンソウの花の形と昆虫の様子を説明している。）

アキノキリンソウは、小さな花が集まって花の穂《ほ》を形作り、凸凹《でこぼこ》が多く、蜜は［　　　　］にあるため、花に止まるのが不得手で舌が短いハナアブやハエでも、蜜をなめることができる。

3段落（1・2段落から考えられることを述べている。）

花の形で昆虫たちが［　　　　　　］ことができるかどうかが決まることから、花によって訪《おとず》れる昆虫に偏《かたよ》りがあるのは、［　　　］によって蜜をなめる昆虫の種類が制限されるからだと考えられる。

# 4 段落の要点と文章構成

## 基本問題③

得点　／100点

学習日　／　日

**1** 次の文章を読んで、下の問いに答えなさい。

[1]それでは、私たちが普段《ふだん》食べているダイコンの白い部分はどの器官*なのでしょうか。漢字で「大根」と書くくらいですから、根のように思うかもしれませんが、そんなに単純ではありません。

[2]その疑問に答えるために、ダイコンの芽であるカイワレダイコンを見ながら考えてみます。カイワレダイコンは、双葉《ふたば》と根、その間に伸《の》びた胚軸《はいじく》とよばれる茎《くき》から成り立っています。根の部分には、種から長く伸びた主根《しゅこん》と、主根から生えている細いひげのような側根《そっこん》があります。

[3]これに対して、私たちが食べるダイコンをよく見てみると、下の方に細かい側根が付いていたり、側根の付いていた跡《あと》に穴が空いていたりするのがわかります。ダイコンの下の方は主根が太ってできているのです。いっぽう、ダイコンの上の方を見ると、側根がなく、すべすべしています。この上の部分は、根ではなく胚軸が太ったものです。つまり、ダイコンの白い部分は、根と胚軸の二つの器官から成っているのです。

*器官…本来は、体の中で決まった働きをもつ部分のこと。ここでは、野菜の根、葉、茎、花、実など。

※[1]～[3]は段落番号を表します。

（平成28年度版　光村図書出版1年44・45ページ　稲垣栄洋「ダイコンは大きな根？」・『キャベツにだって花が咲く』改より）

(1) [1]段落の要点をまとめた次の文の□にあてはまる言葉を、文章中から書き抜《ぬ》きなさい。（各10点×2＝20点）

私たちが普段《ふだん》食べているダイコンの□□□□はどの□□なのだろうか。

(2) [2]段落の要点として、最も適切なものを次から選び、記号で答えなさい。（10点）

ア　疑問の答えを探すために、カイワレダイコンを見ながら考える。

イ　カイワレダイコンは、ダイコンの芽である。

ウ　カイワレダイコンは、双葉《ふたば》と根、胚軸《はいじく》から成り立っていて、根には主根《しゅこん》と側根《そっこん》がある。

□

(3) [3]段落の要点となる、中心的な内容が述べられた一文を書き抜きなさい。（一文のときは、文末の句点も書き抜きます。）（20点）

## 2 次の文章を読んで、下の問いに答えなさい。

1 電子レンジがつくられるまで、食べ物の加熱は、火によって熱を「伝える」ものでした。食べ物に熱が伝わると、そこから、食べ物を形づくっているさまざまな種類の粒《つぶ》が熱のエネルギーを受けて振動《しんどう》し始めます。外側から熱を加え続けると、粒の振動によって発生した熱が隣《とな》り合《あ》う粒を振動させ、そこで熱を発生させます。こうして、熱がだんだんと内側に伝わっていきます。

2 粒を振動させることが加熱の原理であるのなら、他の方法でも、振動を起こせば加熱ができるのではないか。ここに、従来の考え方にとらわれない、発想の転換《てんかん》があったのです。マイクロ波は、食べ物の中を透過《とうか》し、水の粒を位置にかかわらず回転させるので、全体を同時に温めることができます。そのため、多くの場合、火での加熱より調理時間を短くすることができます。

3 私たちの身のまわりに関心を向けると、発想の転換によって生み出されたものを、ほかにも見つけることができるでしょう。最近普及《ふきゅう》している、ＩＨ調理器も、火ではなく磁力のはたらきで鍋《なべ》自体を熱くすることによって、中身の食べ物を加熱します。現代の私たちの生活は、このような柔軟《じゅうなん》な発想による技術に支えられているのです。

※1〜3は段落番号を表します。

（平成28年度版　教育出版１年140ページ　古田ゆかり「電子レンジの発想」より）

---

(1) 1段落の要点として最も適切なものを次から選び、記号で答えなさい。（15点）

ア 電子レンジがつくられるまで、食べ物は、火によって熱を伝えて加熱されていた。

イ 食べ物に熱が伝わると、食べ物を形づくっている粒《つぶ》が振動《しんどう》し、熱は内側に伝わっていく。

ウ 食べ物は、さまざまな種類の粒によって形づくられている。

(2) 2段落の要点をまとめた次の文の□にあてはまる言葉を、文章中から書き抜《ぬ》きなさい。（20点）

粒を振動させるという加熱の原理から、火での加熱以外の方法でも、振動を起こせば加熱ができるのではないかと考えたところに、□□□□□があった。

(3) この文章の構成として最も適切なものを次から選び、記号で答えなさい。（15点）

ア 1と2で説明したことを3でまとめている。

イ 1で述べたことについて2と3でくわしく説明している。

ウ 1と2で述べたこととは異なる話題について、3で説明している。

# 4 段落の要点と文章構成

## 標準問題

得点　／100点

学習日　／　日

**1** 次の文章を読んで、下の問いに答えなさい。

[1]世界遺産登録に先立つ一九九八年十二月、審査《しんさ》をするイコモスの専門家たちが、日光の現地調査を行った。その際、彼《かれ》らは、社寺や景観のすばらしさを称賛《しょうさん》するとともに建造物を修復し保存するための方法に対して、そろって舌を巻いたという。専門家たちが驚《おどろ》いたその方法とは、どんなものなのだろうか。

[2]その一つは、「修復記録の蓄積《ちくせき》」である。

[3]日光社寺文化財保存会の浅尾和年《あさおかずとし》さんに、その一部を見せていただいた。目の前に広げられたのは、一匹《ぴき》の竜《りゅう》が描《えが》かれた、畳《たたみ》一畳《じょう》ほどの大きさの和紙だった。見取り図と呼ばれるものである。浅尾さんによると、実物の彫刻《ちょうこく》と同じ大きさや色合いで描《か》かれているという。迫力《はくりょく》に満ちた、色鮮《いろあざ》やかな竜である。

[4]そして、余白には、修復のための指示が細かな筆文字で書きこまれていた。確かに、彫刻の絵を正確に描くことで、形や色は描き留めることができる。しかし、細かな技法や微妙《びみょう》な色合いなどの表現方法は、絵だけで完全に伝えることは難しい。絵で伝えることの困難な情報を、後世の職人が見たときにもわかるよう、丁寧《ていねい》に文字で書き留めていたのである。

※[1]～[4]は段落番号を表します。

（平成28年度版　教育出版１年167・168ページ　橋本典明「言葉がつなぐ世界遺産」・『ＮＨＫスペシャル 日本の世界遺産 秘められた知恵と力』改より）

(1) ――線「専門家たちが驚《おどろ》いたその方法」の一つとして、どのようなことがあげられていますか。文章中から七字で書き抜《ぬ》きなさい。（10点）

□□□□□□□

(2) [4]段落では、どんなことについて説明していますか。最も適切なものを次から選び、記号で答えなさい。（10点）

ア 見取り図の余白に、修復のための指示が筆文字で書きこまれていたこと。

イ 見取り図の中に、修復のための指示を後世の職人が書きこんでいたこと。

ウ 彫刻《ちょうこく》の細かな技法や表現方法は、絵で正確に描《か》き留《と》められていたこと。

□

(3) この文章の内容と構成を説明した次の文の□にあてはまる言葉を、文章中から書き抜きなさい。（各10点×2＝20点）

[1]段落で、日光の建造物を修復し保存する方法について問いかけ、[2]段落でその問いに端的《たんてき》に答えたうえで、[3]・[4]段落で、彫刻の情報のうち、□で伝えるのが困難な情報は□□で伝えていることを詳《くわ》しく説明している。

## 2 次の文章を読んで、下の問いに答えなさい。

1 百年余りの間に、オホーツク海・北海道沿岸の気温は約一度上《じょう》昇《しょう》し、流氷の面積は半分近くに減っていることが明らかになった。

2 気温の上昇と流氷の面積の減少は、この沿岸に限られたことではない。オホーツク海全域やベーリング海、北極海でも同じ傾向《けいこう》が進んでいる。もし、このまま世界中の流氷が減り続けると、大気や海洋の循環《じゅんかん》に異変が生じ、洪水《こうずい》や干ばつなどの異常気象が多発するおそれがある。海の生態系が崩《くず》れ、絶滅《ぜつめつ》する生物種が増えたり、漁獲高《ぎょかくだか》が減少したりすることも懸念《けねん》される。

3 面積が減っているだけでなく、流氷は、薄《うす》く、壊《こわ》れやすくなっている。このため、北海道沿岸やセントローレンス湾《わん》では、氷上で生まれたアザラシの赤ちゃんがおぼれ死んだり、浜《はま》に打ち上げられたりしている。北極海では、狩《か》り場《ば》である氷野を失って餓死《がし》するホッキョクグマも増えている。

4 流氷の減少は、地球が暖かくなっていることを示している。地球の温暖化は、人類があまりに多くの石炭や石油を使用したことが原因の一つと考えられている。流氷が私たちの生活に深く関係しているのと同様に、私たちの暮らし方も流氷に影響《えいきょう》を与《あた》えているのだ。流氷の減少は、人類に対する自然からの警告かもしれない。

※1～4は段落番号を表します。

（平成28年度版　光村図書出版1年278ページ　青田昌秋「流氷と私たちの暮らし」より）

---

(1) 1段落の要点をまとめた次の文の□にあてはまる言葉を、文章中から書き抜《ぬ》きなさい。（15点）

約百年間で、オホーツク海・北海道沿岸の気温は約一度上昇《じょうしょう》し、□は、約半分に減少している。

(2) 2段落の内容として適切なものを次から選び、記号で答えなさい。（15点）

ア 流氷が減り続けることで懸念《けねん》されることを述べている。
イ 流氷が減り続ける理由を説明している。

(3) 3段落の働きを説明したものとして適切なものを次から選び、記号で答えなさい。（15点）

ア 1・2段落で述べた事実と反対の内容を対比させながら説明している。
イ 1・2段落で述べた事実に、新たな問題を付け加えている。

(4) この文章の構成を説明した次の文の（　）にあてはまる段落番号を書きなさい。（二つの段落番号があてはまるところもあります。）（各5点×3＝15点）

（　）段落で気温と流氷の変化について説明し、
（　）段落で流氷の変化を別の観点から補足し、
（　）段落でそれらに対する筆者の考えを述べている。

# 5　筆者の意見と要旨

## 基本問題①

得点　／100点

学習日　／　日

確認

★次の文章を読み、筆者の意見と要旨《ようし》（筆者が最も言いたいこと）について、下の問いに答えなさい。（各10点×4＝40点）

1流氷の減少は、地球が暖かくなっていることを示している。地球の温暖化は、人類があまりに多くの石炭や石油を使用したことが原因の一つと考えられている。流氷が私たちの生活に深く関係しているのと同様に、私たちの暮らし方も流氷に影響《えいきょう》を与《あた》えているのだ。流氷の減少は、人類に対する自然からの警告かもしれない。

2自然からの警告を見逃《みのが》さない。それが今、私たちに求められていることだろう。みなさんの家の近くの小川や野原、そこに生きるホタルやメダカなどの生き物に何か変化が起きてはいないだろうか。一つ一つは小さなことでも、それらがつながり合って私たちの星・地球は成り立っている。身近な自然をしっかりと観察し、大切にしていくことが、豊かな地球を守る第一歩となるだろう。

※1・2は段落番号を表します。

（平成28年度版　光村図書出版1年278ページ　青田昌秋「流氷と私たちの暮らし」より）

(1) どんなことについて書いた文章ですか。次の□にあてはまる言葉を文章中から書き抜《ぬ》きなさい。

〔□の現状と私たちに求められていることについて。〕

(2) 1段落ではどのようなことについて説明されていますか。□にあてはまる言葉を文章中から書き抜きなさい。

〔私たちの暮らし方が流氷の□に影響していること。〕

(3) 次の□にあてはまる言葉を文章中から書き抜いて、筆者の意見をまとめなさい。

〔自然からの警告を見逃さず、身近な自然を□し、大切にしていくことが、□を守る第一歩となる。〕

！要旨《ようし》とは、筆者が文章で言い表そうとしている最も大切な内容のこと。事実（具体例や体験）と、筆者の意見を読み分け、要旨をとらえましょう。

## 1 次の文章を読んで、筆者の考えが最も強く述べられている部分を❶は十七字で、❷は一文*で探し、その初めの五字を書き抜《ぬ》きなさい。（各10点×2＝20点）

❶

これまで動物園は生物学を学ぶ場と考えられてきましたが、生態的展示*は生態学から、さらに人間と自然の関係を考える場へと舞台《ぶたい》を広げています。もちろん生態的展示だけがこれからの展示の方向ではありませんが、この展示は大きな可能性を秘《ひ》めているのです。

＊生態的展示…動物園における展示の仕方のこと。

（平成28年度版　学校図書一年66・67ページ　若生謙二「変わる動物園」・『変わる動物園―檻から生態的展示へ―』より）

□□□□□

❷

人間と動物にはさまざまな関係があります。食物、美の対象、共に暮らす心のかてとして。動物に対する見方や接し方も時代によって変わっていきます。創造的な生態的展示は、動物の生きる権利や自然の価値、そして人間と動物の関係を考えるきっかけを生み出してくれることになるでしょう。

（平成28年度版　学校図書一年67ページ　若生謙二「変わる動物園」・『変わる動物園―檻から生態的展示へ―』より）

□□□□□

＊文…まとまった内容を表すひと区切り。終わりに「。」（句点）などがつく。

## 2 次の文章を読んで、筆者の考えをまとめたあとの文の□にあてはまる言葉を、文章中から書き抜きなさい。（各10点×4＝40点）

言葉は習うものである。人間の子どもには、生まれた時から、言葉を習う能力が与《あた》えられていて、その能力を用いて、幼児は母親から母親の話す言葉を習う。その言葉を「母語」という。日本で生活する人々にとって、母語は日本語である場合が多い。日本語には読み書きの手段もあって、それもまた、すばらしく便利なものである。日本語を習い、さらに習い続けていくことは、豊かな生活の基礎《きそ》を作ることだ。

（平成28年度版　教育出版一年　巻頭3ページ　加藤周一「言葉とは何か」より）

(1) 子どもは、□□□□□□□を用いて、母親から「□□」を習う。

(2) 日本で生活する人々の母語は日本語である場合が多く、日本語には便利な□□□の手段もある。

(3) 日本語を習い、習い続けていくことは、□□□□□の基礎《きそ》を作ることである。

# 5 筆者の意見と要旨

## 基本問題②

得点
／100点

学習日
／　日

**1** 次の文章を読み、あとの文の□にあてはまる言葉を文章中から書き抜《ぬ》いて要旨《ようし》をまとめなさい。（各10点×4＝40点）

**1**

今、働くことと住むことが、もう一度いっしょになろうとする動きがあります。都心の大きなオフィスに集まらなくても、自分の家でできる仕事が増えてきています。また、インターネットなどで、個人の活動を一度に多くの人に知ってもらうこともできます。芸術家のアトリエのように、小さいけれど、そこで自由に仕事ができる空間が家の中や近くにあるような、そんな集まって住む形が生まれつつあります。働くことと住むことがいっしょになったとき、かつての下町のような、街に住むということの楽しさが戻《もど》ってくるはずです。

（平成28年度版　東京書籍1年179・180ページ　元倉眞琴「集まって住む」・『集まって住む』より）

今、自由に仕事ができる空間が家の中や近くにあるような、□□□□□□形が生まれつつあるが、働くことと住むことがいっしょになったとき、街に住むということの□□□が戻ってくるはずだ。

**2**

今の子供たちは、すぐに「どうせ自分なんて」という言葉を口にする。しかし、もしも彼《かれ》らが、自分は一人しかいない、かけがえのない存在なんだと、自分を誇《ほこ》りに思えるようになれば、「どうせ自分なんて」という自らの人生をつまらなくするような言葉は口にしなくなるだろう。

そして、自分の存在を認められるようになれば、自然に、目の前にいる相手の「相手らしさ」も認めることができるようになるはずだ。自分も、たった一人の自分であるように、この人も、たった一人しかいない、大切な存在なんだと。

障害者が暮らしやすいバリアフリー社会を作るためだけではない。すべての人が、与《あた》えられた命をむだにすることなく、その命を最大限に生かして生きていくためにも、自分らしさを見失わず、自分に誇りを持って生きていくことを望みたい。

（平成14年度版　学校図書1年141・142ページ　乙武洋匡「心のバリアフリー」・『五体不満足』より）

□□□□□が、その命を最大限に生かして生きていくために、□□□□□を見失うことなく、自分に誇《ほこ》りを持って生きることが大切だ。

## 2 次の文章を読み、要旨《ようし》として適切なものをあとから一つ選び、記号で答えなさい。（各30点×2＝60点）

①

*江戸切子《えどきりこ》は民間のものだったからほろびなかった。なぜか。武家や大金持ちの床《とこ》の間《ま》を飾《かざ》るような高級な器《うつわ》だけではなく、広く一般《いっぱん》の人たちでも手に入るような器も作る必要があった。それにはすばやく、安く作る技術が必要だった。江戸切子を愛用するたくさんの人たちに支えられたから、産業として残った。

その、大量に安く作る技術を、低い技術といえるのか。*小林さんはそれをわたしに教えてくださった。今も東京には約五十社、五百人ほどの人が、カットグラスを作って暮らしているという。そのうちの多くの人たちが、工芸品を作っているわけではない。しかし、その人たちの作ったグラスのおかげで、カットグラスは広く人々に愛用されている。その技術が低くて、自分の技術が高いとはいえない。それが「現代の名工」の言葉だった。

*江戸切子…伝統的な細工技法で作られたカットグラス。
*小林さん…江戸切子の第一人者、小林英夫《ひでお》さん。

（平成14年度版　教育出版1年212・213ページ　小関智弘「ものづくりに生きる」より）

**ア**　大量に安く作る技術があったから、江戸切子《えどきりこ》は産業として残った。

**イ**　工芸品に比べ、大量に安く作られたものは技術が低い。

□

②

*今でもよく、道を歩いていると、すれ違《ちが》う子供に「あの人、手と足がないよ。お母さん、どうして？」と言われる。お母さんはあわてて僕《ぼく》に「ごめんなさい、ごめんなさい。」と頭を下げ、「いいから、こっちにいらっしゃい。」と子供を引っ張っていってしまう。

「あーあ。」、そのたびに僕は残念に思う。また一人、障害者に対する良き理解者を増やすチャンスを逃《のが》してしまったと。子供は純粋《じゅんすい》だ。障害者を見れば「どうして？」との疑問を抱《いだ》くが、その疑問が解消されれば、分けへだてなく接してくれる。もっともっと、聞いてほしい。「どうして？」という疑問をぶつけてきてほしい。その疑問を心に残したままにすることが、障害者に対する「心の壁《かべ》」となってしまうのだ。そして、その疑問が解かれ、子供たちの中に障害者に対する「慣れ」が生じた時、「心のバリアフリー」は実現される。

（平成14年度版　学校図書1年137〜138ページ　乙武洋匡「心のバリアフリー」・『五体不満足』より）

*筆者は先天性四肢《しし》切断という障害を持っている。

**ア**　障害者に対する子供たちの態度に「慣れ」が生じないのは、お母さんたちに障害者に対する「心の壁《かべ》」があるからだ。

**イ**　障害者に対する「どうして？」という子供たちの疑問が解かれ「慣れ」が生じた時、障害者に対する「心の壁」がなくなる。

**ウ**　障害者に対する疑問が解消されなければ、障害者も子供たちと分けへだてなく接することはできない。

□

## 5　筆者の意見と要旨

### 基本問題③

得点　／100点

学習日　／　日

**1** 次の文章を読んで、下の問いに答えなさい。

　今までより、さらに文化的な生活を営むために、人類は、こうして自然の資源を使い、副産物やゴミを出しながら、次々に新製品をつくって利用してきました。自分たちの都合だけで、いわば①狭《せま》い意味の文化を追い求めてきたのです。しかし、地球全体とか、地球の将来についても考えなければならない時代がきたのではないでしょうか。それを考えることが、広い意味での文化なのではないでしょうか。こういった問題は、科学や技術が自分で考えてくれるわけではありませんし、科学者や技術者だけが考えればいい問題でもありません。地球に住むわたしたち一人一人が考えるべき問題なのです。

　今、地球にある空気も水も、実は地球の中から出てきたものです。あれほど大量にある海の水も、もともと地球の上にあったものではなくて、地球の中から出てきたのです。しかも、これらは地球の歴史の初めのころに、一度だけつくられたものなのです。人類をはじめ地球上の生物は、地球が、水や空気をつくってくれたおかげで暮らせるようになったのです。こういった地球の成り立ちからみれば、地球は、その中心から海や大気までひとつながりのものとしてつくられた、②運命共同体です。

（平成14年度版　教育出版1年54～56ページ　島村英紀「かけがえのない地球」より）

(1) ――線①「狭《せま》い意味の文化」とは、どのような文化ですか。次の□にあてはまる言葉を文章中から書き抜《ぬ》きなさい。（各10点×2＝20点）

次々に［　　　　］を使って、［　　　］をつくって利用する文化。

(2) ――線②「運命共同体」とは、ここではどのような意味で使われていますか。適切なものを次から選び、記号で答えなさい。（10点）

ア　地球に、偶然《ぐうぜん》水や空気があったからこそ生物が生きていけるのであるという意味。

イ　水や空気、生物もふくめた地球全体が、運命を共にするものであるという意味。

ウ　地球上の人類がほろびれば、地球も滅亡《めつぼう》してしまうという意味。

［　］

(3) 次の文は、筆者の意見をまとめたものです。□にあてはまる言葉を文章中から書き抜きなさい。（各10点×2＝20点）

地球に住む一人一人が、今、［　　　　］や、［　　　　　］について考えなければならない。

## 2 次の文章を読んで、下の問いに答えなさい。

ある選手で、小学生の頃《ころ》から、ずっと指導を担当していた子がいました。彼《かれ》がちょうど高校生になった頃でしょうか。突然《とつぜん》、①成績が思うように伸《の》びなくなってしまったのです。どうしてなのか……。このときは非常に悩《なや》みましたが、理由がわかると、なんということはない。その選手が、自分で考えることを知らなかったからでした。

スポーツ選手は、基礎《きそ》を習得し、ある程度のレベルまでくると、自分には何が足りないのか、それを強化するためには、どんな練習をすればよいのかを自分で考えなければならない時期にぶつかります。このとき、言葉でうまく自己表現できない選手は、ほとんどの場合、②それ以上の成長は見込《みこ》めません。レース後、「どうだった?」と選手に話しかけると、よく「覚えてません。」と返ってくることがあります。これでは次のレースにはつながりません。

どこがどうだからこんな練習がしたいだとか、どうだからこういう結果になった、というように、言葉に出して、冷静に自分を分析《ぶんせき》することが、次へのステップにつながるのです。頭の中だけで考えていると、曖昧《あいまい》な分析で終わりがちですが、言葉に出すと、客観的、かつ明確に分析せざるをえません。だから、この作業は選手の成長には欠かせないのです。

（平成28年度版　教育出版1年210・211ページ　平井伯昌「言葉の上達は競技を上達させる」・『日経BPムック　仕事ができる人の実践言葉力』改より）

---

(1) ——線①とありますが、ずっと指導を担当していた子の成績が伸《の》びなくなったのはなぜですか。その理由がわかる一文を探し、初めの五字を書き抜《ぬ》きなさい。（10点）

□□□□□

(2) ——線②「それ以上の成長は見込《みこ》めません」とありますが、筆者が成長が見込めないと考えるのは、どんな選手ですか。適切なものを次から選び、記号で答えなさい。（10点）

ア　基礎《きそ》を習得し、ある程度のレベルまできた選手。

イ　自分に何が足りないのかを考え、自己表現できる選手。

ウ　レースの様子を聞いても、言葉で説明できない選手。

□

(3) 次の文は、上の文章の要旨《ようし》をまとめたものです。□にあてはまる言葉を文章中から書き抜きなさい。（各10点×3＝30点）

〔□□に出して、客観的、かつ明確に自分を□□することが、選手の□□には必要である。〕

# 5 筆者の意見と要旨

## 標準問題

得点 ／100点

学習日 ／ 日

**1** 次の文章を読んで、下の問いに答えなさい。

人類の活動は、初めのうち、地球にとってはなんの影響《えいきょう》もない小さなできごとにしかすぎませんでした。森の木を切り倒《たお》して農業を始めたのも、その木を燃やして食事をつくったのも自然破壊《はかい》にはちがいありませんが、その規模は地球の回復能力を超《こ》えてはいなかったのです。しかし最近は違《ちが》います。特に十九世紀末以来、自然破壊は地球の回復能力を超えてしまいました。つまり人類の活動が、地球全体に大きな影響を与《あた》えるようになってしまったのです。

なぜ、こんなことになってしまったのでしょう。それは、この百年間に人口が急激に増えたばかりではなく、人類の活動も拡大し、森林でも鉱物でも水でも、手に入る自然を利用したいだけ利用するようになったからです。もちろん、このように自然を利用するようになったからこそ、今日の人類の文化があるともいえます。しかし、ここには、わたしたちが考えなければならない難しい問題があります。それは、人類が地球という財産を勝手に利用したいだけ利用しようとする時代が、いつまでも続いていていいのだろうかという問題です。

（平成14年度版 教育出版1年48・49ページ 島村英紀「かけがえのない地球」より）

(1) ――線部とありますが、人類の活動と地球の関係は最近どのようになったかを述べているひと続きの二文を探し、その初めの五字を書き抜《ぬ》きなさい。（15点）

(2) (1)のようになったのはなぜだと、筆者は考えていますか。それをまとめた次の文の□にあてはまる言葉を文章中から書き抜きなさい。（各10点×2＝20点）

・この百年間で、□が急激に増えたから。

・人類の活動が拡大し、□を勝手に利用しすぎたから。

(3) 筆者は「わたしたち」にどんなことを訴《うった》えていますか。適切なものを次から選び、記号で答えなさい。（15点）

ア 人類の活動は地球全体に大きな影響《えいきょう》を与《あた》えるので、地球という財産をいつまでも勝手に利用してはならないということ。

イ 地球の回復能力を復活させるために、人類の活動を十九世紀以前の規模に戻《もど》したほうがいいということ。

## 2 次の文章を読んで、下の問いに答えなさい。

1 食べ物が豊富ではなく、栄養をとることがだいじだった頃《ころ》には関心を持たれなかった①こんにゃくが、健康のためにカロリーのとりすぎに注意しなければならない時代になって注目されたのは、時代や価値観の変化によるものといえるでしょう。

2 更《さら》に、新しい事実の判明と価値観の変化が互《たが》いに関連する場合もあります。環境《かんきょう》問題がよい例です。

3 工業化を進め、物質的、経済的な豊かさを求めた時代には、生物や環境に対する配慮《はいりょ》が十分ではありませんでした。しかし、②工業化による悪い影響が明らかになると、人々は自然を守ることが大切だという考え方に変わり、地球環境を守ることに関心が注がれるようになりました。

4 このように、時代や社会の在り方、人々がどんな知識を持ち、何を大切に思い、どのような暮らしを望んでいるのかなどによって、常識や判断の基準は変化するのです。もしかしたら、今、私たちが信じていることでも、否定される日がやってくるかもしれません。

5 では、私たちは、何を信じ、どのように物事と向き合ったらいいのでしょうか。

6 それにはまず、あたりまえだと思っていることでも、一歩立ち止まって、自分自身が納得《なっとく》できるかどうかをじっくり考えてみることが大切です。

※1～6は段落番号を表します。

（平成28年度版　東京書籍Ⅰ年280ページ　古田ゆかり「『常識』は変化する」より）

(1) ――線①「こんにゃく」が注目されたのは、何によるものだと筆者は述べていますか。文章中から九字で書き抜《ぬ》きなさい。（10点）

(2) ――線②「工業化による……ようになりました」とありますが、これは、どんなことの例として挙げられてますか。□にあてはまる言葉を文章中から書き抜きなさい。（各10点×2＝20点）

［　　　　　］の判明と［　　　］が互《たが》いに関連する場合があることの例。

(3) ――線①・②の例を通して、筆者はどんな考えを述べていますか。最も適切なものを次から選び、記号で答えなさい。（10点）

ア 時代や社会の在り方や人々の価値観によって常識や判断の基準は変化するものだ、という考え。

イ 今、私たちが信じていることでも、将来必ず否定される日がやってくるだろう、という考え。

ウ 時代によって価値観は変化するので、自分の価値観をしっかり持たなければならない、という考え。

(4) 筆者は、物事と向き合う際に、どのようなことが大切だと述べていますか。それに対する筆者の考えが書かれた一文を文章中から探し、初めの五字を書き抜きなさい。（10点）

# たしかめよう

## 完成問題①

得点　／100点
学習日　／　日

▼次の文章を読んで、下の問いに答えなさい。

明治四十年、筆者は樺太《からふと》アイヌ語を調べるために樺太のアイヌ村を訪ねた。何日かして、現地の子供たちと親しくなることでかなりの単語を集めることができた筆者は、川原に集まってマスを捕《と》らえている大人たちの所へ下りていき、覚えたばかりの単語を勇敢《ゆうかん》に使ってみた。

1 川原の石を指して「スマ。」とさけび、青草を指しては「ムン。」、マスを見ては「ヘモイ。」、マスの頭を指しては「ヘモイ－サパ。」、マスの目を指して「ヘモイ－シシ。」、マスの口を指して「ヘモイ－チャラ！」。

2 これまで、難しい顔ばかりしていたひげづらが、もじゃもじゃのひげの間から白い歯を現した。これまで背《そむ》け背けしていた婦女子の顔にも、真っ青な入れ墨《いずみ》の中から白い歯が見えた。明らかにみな［　　］のである。中には向こうから、あみを持っている手をふって見せて「ヤー（あみ）。」と言ったり、砂地を指して「オタ（砂）。」と言ったりした者もある。急いで手帳に書きつけながらその発音をまねすると、不思議そうに手帳を見に寄ってくる者もあった。婦女子の群れでは、「いつ覚えたろう。」とか、「よく覚えたもんだ。」とか、いうような感嘆《かんたん》の声らしい声を上げた者もあった。

3 たった、こうした間に、①わたしと全舞台《ぜんぶたい》との間をさえぎって

(1) ［　　］にあてはまる言葉を次から選び、記号で答えなさい。（10点）

ア 無視した　イ 黙《だま》った
ウ 笑った　エ 怒《おこ》った

(2) ――線①について、次の①・②の問いに答えなさい。（各15点×2＝30点）

① 「わたしと全舞台《ぜんぶたい》との間を……切って落とされた」とは、どういうことですか。最も適切なものを次から選び、記号で答えなさい。

ア 「わたし」が現地の言葉を理解できるようになったこと。
イ 「わたし」と現地の大人たちの心が通い合うようになったこと。
ウ 子供たちが、「わたし」と大人たちを結び付けてくれたこと。

② 「幕」と同じ意味を表している言葉を1～3段落の中から探し、漢字二字で書き抜《ぬ》きなさい。

(3) ――線②「渠《きょ》成って水到《いた》る」とは、「堀《ほり》ができて水が流れる」という意味です。この「渠」とは、何をたとえた言葉ですか。適切なものを次から選び、記号で答えなさい。（15点）

ア 言葉　イ 心
ウ 感動　エ 発音

いた幕が、いっぺんに、切って落とされたのである。さしもこえがたかった禁園＊の垣根《かきね》が、はたとわたしの前に開けたのである。言葉こそかたく閉《と》ざした、心の城府＊へ通う唯一《ゆいいつ》の小道であった。②渠《きょ》成って水到《いた》る。ここに至って、わたしは何物をもためらわず、すべてを捨てて、まっしぐらにこの小道を進んだのは、ほとんど狂熱的《きょうねつてき》だった。

4 一週間の後には、ちょっとわたしが首を出しても、右から左から言葉を投げられる。朝起きて川原へ顔を洗いにタオルを提《さ》げて通ると、両側のアイヌ小屋から「ナッケネ・エオマン・クス？（どこへ行きますか？）」「テマナ・エキ・クス？（どうしたんですか？）」などと、まるで田んぼのイナゴが飛び出すように、ばたばたと足もすくむほど、言葉をかけられて、わたしがうまく答えられたと言っては笑い、とんちんかんに答えたと言っては笑う。顔を洗っていると、もう子供たちが起きて後ろへいっぱいやって来ている。夜は若い者や年寄りが、さしもがらんどうなわたしの宿も身動きがならないほどつめかけて、おどる、歌う、しゃべる。

5 四十日の滞在《たいざい》の後に、たいていの話は支障がなくなった上、樺太アイヌ語文法の大要と、四千の語彙《ごい》と、『北蝦夷古謡遺篇《きたえぞこよういへん》』三千行の叙事詩《じょじし》の採録を家づと＊に、わたしは、生涯《しょうがい》忘れがたい思いを残してこの村の老若《ろうにゃく》に別れを告げた。

＊禁園…一般《いっぱん》の人が入ることを禁じた庭園。
＊城府…城壁《じょうへき》をめぐらした都市。　＊家づと…家へのみやげ。

※1～5は段落番号を表します。　〔　〕部分要約

（平成18年度版　学校図書1年160～162ページ　金田一京助「片言を言うまで」・『金田一京助全集 第十四巻』より）

(4) 1～5段落の内容として適切なものをそれぞれ次から選び、記号で答えなさい。（各5点×5＝25点）

ア 樺太滞在《からふとたいざい》の成果としめくくり。
イ やっと大人たちが白い歯を現し、「わたし」に近寄ってきたこと。
ウ 「わたし」が使ってみた覚えたての単語の具体例。
エ 言葉に関する「わたし」の感動と思い。
オ 一週間後、ますます親密になった「わたし」と人々。

1段落　□　2段落　□　3段落　□
4段落　□　5段落　□

(5) この文章で、筆者の考えを最もよく表している一文を探し、その初めの四字を書き抜きなさい。（20点）

□□□□

## 書いてみよう

「言葉のもつ力」というテーマに沿って、きみが体験したことや考えたことを七十字前後で書いてみよう。

# たしかめよう

## 完成問題②

得点
／100点

学習日
／ 日

▼次の文章を読んで、下の問いに答えなさい。

1 腐植土《ふしょくど》の中には、岩石の風化や動植物の分解によってできた、窒素《ちっそ》、リン、ケイ素などが含《ふく》まれている。これらは、植物の生育に欠くことのできない栄養分のもとである。これらが腐植土から地下水にとけこんで川から海へと運ばれる。そして、沿岸付近で、海藻《かいそう》や植物プランクトンを育てる栄養となる。

2 また、海藻や植物プランクトンは、光合成のために微量《びりょう》の金属を必要とする。海水中には、必要なほとんどの金属が水にとけた形で存在しているのだが、鉄だけは粒子《りゅうし》となっている。粒子状の鉄を、生物は利用できない。[ A ]、腐植土の中で作られる有機物質と腐植土中の鉄が結合すると、水にとけるようになる。①これが海へ流れこむことによって、海藻や植物プランクトンは鉄を取りこむことが可能になるのである。

3 実際に、函館湾《はこだてわん》に流入している久根別《くねべつ》川河口で植物プランクトンの量を測定してみると、河川《かせん》が影響《えいきょう》する海域では、影響しない海域の五十倍から百倍高い数値が得られる。つまり、②河川が運ぶ森林起源の物質が、沿岸部の植物プランクトンを育てているのである。植物プランクトンは、動物プランクトンや小魚のえさになり、小魚は大形魚のえさになる。アワビやウニは、コンブやワカメなどの海藻を食べる。こうしてみると、魚介《ぎょかい》類は、えさとなる植物プランクトンや海藻の量によって生存量が

(1) [ A ]～[ C ]にあてはまる接続語として最も適切なものをそれぞれ次から選び、記号で答えなさい。（同じ記号は二度選べません。）（各5点×3＝15点）

ア そこで　イ ところが　ウ また
エ それでも　オ ただし　カ では

A [　]　B [　]　C [　]

(2) ――線①「これ」とは何を指しますか。[　]にあてはまる言葉を文章中から書き抜《ぬ》きなさい。（各5点×2＝10点）

[　　　　]と結合した[　]

(3) ――線②について、次の①・②の問いに答えなさい。

① ――線②「河川が運ぶ森林起源の物質」とほぼ同じ意味を表す十五字の言葉を文章中から書き抜きなさい。（10点）

[　　　　　　　　　　　　　　　]

② ――線②にあたる物質を四つ書きなさい。（各4点×4＝16点）

[　]・[　]・[　]・[　]

決められることになる。したがって、③魚介類を増やすためには、そのいちばんもととなる[I]や海藻を増やさなければならない。それには、森林の腐植土から流れてくる物質が必要なのである。

[4]このように、海の生物は、森とたいへん強く結び付いている。森が海の貝や魚を育てているともいえよう。だから、襟裳岬《えりもみさき》のように、[II]が消えれば海も死んでしまうのである。この状《じょう》況《きょう》は、日本各地で現実化している。[B]、例えば気仙沼《けせんぬま》の漁民のように、漁業を行う人たちが、自分たちの漁場を守ろうと川をさかのぼって植林を始めている所もある。

[5]砂漠《さばく》化した土地にクロマツを根付かせるまでに、えりも町は五十年間も苦労をしてきた。[C]、これはクロマツが最も活着しやすかったためであり、元の広葉樹の森林の姿にもどすには数百年かかるだろうといわれている。

[6]森と海だけではない。自然界は、微妙《びみょう》なバランスを保ちながら、互《たが》いに関係し合って存在している。そのことを肝《きも》に銘《めい》じて、わたしたちは、自然の状態をよく知り、できるかぎりバランスを壊《こわ》さないように考えるべきであろう。

※[1]〜[6]は段落番号を表します。

（平成14年度版　光村図書1年119〜122ページ　松永勝彦「魚を育てる森」より）

**(4)** ——線③「魚介類《ぎょかい》を増やすため」とありますが、そのために漁民が何を行っている例があげられていますか。文章中から二字で書き抜きなさい。（10点）

**(5)** [I]・[II]にあてはまる言葉を、[I]は八字で、[II]は一字で文章中から書き抜きなさい。（各7点×2＝14点）

I

II

**(6)** 上の文章の段落構成として最も適切なものを次から選び、記号で答えなさい。（10点）

ア（[1]・[2]）（[3]・[4]）（[5]・[6]）

イ（[1]・[2]）（[3]・[4]・[5]）（[6]）

ウ（[1]・[2]・[3]）（[4]・[5]）（[6]）

**(7)** 上の文章の要旨《ようし》をまとめた次の文の[ ]にあてはまる言葉を文章中から書き抜きなさい。（各5点×3＝15点）

人間は[ ]が保っている[ ]を[ ]ように考えるべきである。

# 1 場面をとらえる

## 基本問題①

得点
／100点

学習日
／　日

**確認**

★ 次の文章を読み、□にあてはまる言葉を書き抜《ぬ》いて、場面の様子についてまとめなさい。（各5点×6＝30点）

「ミコ、ミコ……どうしたのっ！」

大きな声で自分の名前を呼ばれた私は、はっと目を覚ました。母が心配そうな顔で私の顔をのぞきこんでいる。夢を見てうなされていたのだ。黒い猫《ねこ》が夢に現れて……。

「夜中に脅《おど》かすんじゃないよ、もう……。」

母は、くるりと背を向けると、私の部屋から出ていった。

時…□

場所…□

登場人物…□（私）・□

できごと…「私」は、□を見て□いた。

！ 小説を読むときには、まず、場面の様子【時（いつ）・場所（どこで）・登場人物（誰《だれ》が）・できごと（何をした）】を、とらえることが大切です。

**1** 次の文章の場面はいつですか。□にあてはまる言葉を文章中から書き抜《ぬ》きなさい。（各5点×3＝15点）

(1) 私が四つか五つの頃《ころ》だったか…、とにかく、秋の夕方のことだった。家の前で一人遊んでいた私は、父が、見知らぬ女の人と楽しそうに話しながら歩いているのを見かけたのだ。

〈「私」が四つか五つの頃《ころ》の□〉

(2) 五月半ばになると、庭の緑もいちだんと鮮《あざ》やかになった。ある朝、僕《ぼく》はふと去年なくなった父のことを思い出し、父の部屋に入っていった。かすかにたばこの匂《にお》いがした。窓を開けると、さあっと涼《すず》しい風が入り、白い壁《かべ》にうすく緑が映った。

〈□の、ある□〉

## 2 次の場面で、(1)登場人物はどこにいますか。文章中から書き抜《ぬ》きなさい。また、(2)〰〰線部から、一日のうちのいつのできごとであることがわかりますか。言葉を考えて答えなさい。

（各7点×4＝28点）

**1**

母に見送られて家を出ると、海沿いの道路をひたすら歩いた。真夏の太陽は頭の真上からようしゃなく照りつけ、私は少し歩いただけで汗《あせ》びっしょりになった。目指す叔母《おば》の家は、村のはずれ。まだまだ遠い。

(1) □□□□□□

(2) □

**2**

そしてそれから更《さら》に月日が過ぎたある日、僕《ぼく》はずっと気になっていたことをあーちゃんにきいてみたのである。小さな子供たちが母親たちに呼ばれて家路に就《つ》いた後だった。広場には僕とあーちゃんと僕の弟しかいなかった。

（平成28年度版　東京書籍1年275ページ　辻 仁成「そこに僕はいた」・『そこに僕はいた』より）

(1) □□

(2) □

---

## 3 次の文章を読んで、あとの問いに答えなさい。

（各9点×3＝27点）

その坂を向こうへ下りきると、また同じような茶店があった。土工《どこう》たちがその中へ入った後、良平《りょうへい》はトロッコに腰《こし》をかけながら、帰ることばかり気にしていた。茶店の前には花の咲《さ》いた梅に、西日の光が消えかかっている。「＊」——彼《かれ》はそう考えると、ぼんやり腰かけてもいられなかった。

（平成28年度版　東京書籍1年218ページ　芥川龍之介「トロッコ」・『芥川龍之介全集』より）

(1) 良平《りょうへい》はどこにいますか。□にあてはまる言葉を文章中から書き抜《ぬ》きなさい。

（□□の外。）

(2) この場面の季節が春であることがわかる言葉を、文章中から六字で書き抜きなさい。

□□□□□□

(3) 「＊」には、良平が考えた言葉が書かれています。それを次から一つ選び、記号で答えなさい。

ア　もうすぐ昼だ。
イ　もうすぐ夜が明ける。
ウ　もう日が暮れる。

□

# 1 場面をとらえる

## 基本問題②

得点
／100点

学習日
／　日

**1** 次の文章で、登場人物は何をしていますか。□にあてはまる言葉を文章中から書き抜《ぬ》きなさい。（各5点×4＝20点）

①
数日して、ぼくは社宅の門のところで彼《かれ》を待ちぶせすることになる。子分たちは引き連れず、ぼく一人であった。そして夕方、いつもの時間に彼は新聞を抱《かか》えて走りこんできたのである。

（平成14年度版　教育出版1年106ページ　辻仁成「新聞少年の歌」・『そこに僕はいた』より）

ぼくは、□を□□□□している。

②
「なんだ、オイルもれだって。見せてみろ。」
村田は車のボンネットを開けると、首を突《つ》っ込《こ》むようにして中をのぞいた。そして、油に汚《よご》れた軍手でドライバーをつかむと、その場で修理に取りかかり、三十分ほどで直してしまった。

村田は、□の□□をしている。

**2** 次の文章を読んで、あとの問いに答えなさい。（各10点×3＝30点）

車大工《くるまだいく》は、自分の気に入った車が作れたとき、名前をそっと彫《ほ》っておく。だから三吉《さんきち》も彫ることにした。親方とおかみさんが寝《ね》てしまうのを待って、夜中にそっと起き出してきた。彫ってしまえば、こちらのものだ。なんぼ親方が怒鳴《どな》っても消えることはない。

（平成28年度版　東京書籍1年42ページ　吉橋通夫「さんちき」・『さんちき』より）

・いつ、誰《だれ》が、何をしようとしているのですか。□にあてはまる言葉を文章中から書き抜《ぬ》きなさい。

▶いつ　□に、
▶誰が　□が、
▶何を　車に□を彫《ほ》ろうとしている。

## 3 次の文章を読んで、あとの問いに答えなさい。

一郎《いちろう》が眼《め》をさましたときは、もうすっかり明るくなっていました。おもてにでてみると、まわりの山は、みんなたったいまできたばかりのようにうるうるもりあがって、まっ青《さお》なそらのしたにならんでいました。一郎はいそいでごはんをたべて、ひとり谷川に沿ったこみちを、かみの方へのぼって行きました。

すきとおった風がざあっと吹《ふ》くと、栗《くり》の木はばらばらと実をおとしました。一郎は栗の木をみあげて、

「栗の木、栗の木、やまねこがここを通らなかったかい。」とききました。

（宮沢賢治「どんぐりと山猫」・『宮沢賢治絵童話集①』くもん出版より）

(1) 次の問いに答えなさい。

① この場面の季節がわかる一文を探し、その初めの六字を書き抜《ぬ》きなさい。（10点）

□□□□□□

② この場面の季節を漢字一字で書きなさい。（10点）

□

(2) 一郎《いちろう》は、谷川に沿ったこみちをかみの方へのぼって行って、何をしましたか。次の□にあてはまる言葉を文章中から書き抜きなさい。（各5点×2＝10点）

□□□に、□□□□が、このこみちを通らなかったかをききました。

---

## 4 次の文章を読んで、あとの問いに答えなさい。

体の長さは山をふた巻きするくらいもあり、雲を呼び風を起こし天をかけることもできるというのに、竜《たつ》の子三太郎《さんたろう》はほんとに気が弱くて、いつもいつも、沼《ぬま》の底でじいっととぐろを巻いて、息を殺しておるのだった。

そして真夜中、そっと鼻先だけを突《つ》き出し、ひげをふるわせて深呼吸し胸の中の空気を入れかえるのだった。あとはまたしずしずと底に潜《もぐ》り、じいっと、とぐろを巻いて、息を殺しているのである。

（平成14年度版　三省堂1年2ページ　今江祥智「竜」・『ぱるちざん』より）

(1) 竜《たつ》の子三太郎《さんたろう》は、いつも沼《ぬま》の底で、どうしていますか。文章中から十九字（読点も含《ふく》む）で書き抜《ぬ》きなさい。（11点）

(2) 竜の子三太郎は、「真夜中」に何をしますか。□にあてはまる言葉を文章中から書き抜きなさい。（各3点×3＝9点）

沼から□□を突《つ》き出し、□□をふるわせて□□□する。

## 1 次の文章を読んで、下の問いに答えなさい。

[A]

真新しい外とうを着込《きこ》んで、片手に包みを提《さ》げた区警察署長オチュメーロフが、今しも、市《いち》の立つ広場を突《つ》っ切っていく。その後に、押収《おうしゅう》したすぐりの実を山盛りにしたふるいを抱《かか》えて、赤毛の巡査《じゅんさ》がつき従う。辺りは静まり返っている……広場には人影《ひとかげ》ひとつ見当たらぬ……商店や居酒屋の開け放した戸口が、飢《う》えた獣《けもの》の口を思わせて、悲しげにこの浮《う》き世を見つめている。

「よくもかみやがったな、この野郎《やろう》!」

不意にオチュメーロフはこんな声を耳にする。

「おい、みんな、そいつを逃《に》がすな! この節《せつ》はかむなんてまねは許されねえんだ! 捕《つか》まえろ! おうい……あ!」

[B]

犬の悲鳴が聞こえる。オチュメーロフはその方を眺《なが》める。と、商人ピチューギンのまき置き場から一匹《ぴき》の犬が足を引きずり、後ろを振《ふ》り返りながら、逃げてくるのが目に入る。その後を追って、のりの効いたサラサのルバーシカを着て、チョッキの前をはだけた男が走ってくる。男は犬を追いかけ、飛び込《こ》むように地べたに身を倒《たお》して、犬の後足をタックルする。

(平成28年度版　東京書籍2年272ページ　アントン・チェーホフ／原卓也 訳「カメレオン」・『チェーホフ全集』より)

(1) [A]の場面について、答えなさい。

① 誰《だれ》がどうしている場面ですか。次の□にあてはまる言葉を文章中から書き抜《ぬ》きなさい。(各10点×2＝20点)

区警察署長オチュメーロフと□□□□□が、□□を突《つ》っ切っていく場面。

② 広場の様子を表す言葉を文章中から十字で書き抜きなさい。(10点)

□□□□□□□□□□

(2) [B]の場面について、答えなさい。(各10点×2＝20点)

① この場面で新たに登場したのは、犬とどんな人物ですか。三十一字(読点も含《ふく》む)で文章中から探し、その初めの五字を書き抜きなさい。

□□□□□

② ①の人物は、何をしていますか。文章中の言葉を使い、文末を「〜いる。」という形にして十字以内で書きなさい。

□□□□□□□□□□



得点　／100点

学習日　／　日

## 2 次の文章を読んで、下の問いに答えなさい。

〔あんちゃたちとウニを採りにやってきたマキは、途中《とちゅう》で傷ついたカモメのいる小さな島に一人取り残されてしまう。潮が満ち始めたので、マキはカモメを麦わら帽子《ぼうし》に入れた。〕

A

残された岩山のすみっこで、マキは麦わら帽子をかかえこみ、舟《ふね》を待った。

声を上げてみても、始まらなかった。

ひざからももまで、海がひたした。マキは立ち上がり、くちびるをかんで向こうの島の角を見つめた。カモメもおとなしく帽子に収まっている。海のにおいが強くなる。マキは、島を見つめることに疲《つか》れ、ちっとは怖《こわ》い気持ちにもなって、カモメを見つめることにした。小さなひとみの中に映る自分の小麦色の顔が、くしゅんとゆがんでべそをかいていた。

B

海がおへそまで上がってくる。

マキは麦わら帽子を差し上げる。

じきに疲れて腕《うで》がしびれてくる。

麦わら帽子が揺《ゆ》れる。

その揺れに驚《おどろ》いたように、カモメが大きく翼《つばさ》を差し上げ、激しくはばたかせた。それが小さな白い旗に見えて、

「あっ、あそこじゃ。」

あんちゃたちが、舟をまっすぐに飛ばしてくることができた。

〔　〕部分要約

（平成14年度版　光村図書1年86・87ページ　今江祥智「麦わら帽子」・『ふたりのつむぎ唄』より）

---

(1) Aの場面とBの場面に共通して出てくる人物と動物を、それぞれ書きなさい。（各5点×2＝10点）

人物…［　　］　動物…［　　］

(2) Aの場面からBの場面にいたる間の時の移り変わりは、何がどんな様子であることからわかりますか。次の□にあてはまる言葉を、それぞれの段落から書き抜《ぬ》きなさい。（各5点×4＝20点）

A ［　　］が、［　　　　　　］までひたしたこと。

B ［　　］が［　　　］まで上がってきたこと。

(3) Aの場面、Bの場面で、「マキ」は何をしていますか。□にあてはまる言葉を書き抜きなさい。（各5点×3＝15点）

A 立ち上がって［　　　　］の角を見つめ、それに疲《つか》れ［　　　］を見つめた。

B カモメの入った［　　　　］を差し上げた。

(4) Aの場面でおとなしくしていた「カモメ」は、Bの場面で何をしていますか。□にあてはまる言葉を書き抜きなさい。（5点）

翼《つばさ》を大きく差し上げ、激しく［　　　　　］。

# 1 場面をとらえる

## 標準問題

得点
／100点

学習日
／　日

**1** 次の文章を読んで、下の問いに答えなさい。

〔北海道の小さな村に住む中学二年生の「僕《ぼく》」は、遠い「街の学校」へ、毎日徒歩で通っている。冬のある日の下校時……。〕

木立に入って風をよけ少し休んだ。疲《つか》れで足が小刻みに震《ふる》える。とにかく体力を消耗《しょうもう》しないようにしなければ、と思う。吹雪《ふぶき》はますます強まっていて、一メートル先も見えなかった。

山の中で農家もない。立ち止まると急速に体が冷えるのがわかった。

二つめの峠《とうげ》を登っている途中《とちゅう》から頭がぼんやりし始め、体の芯《しん》に眠気《ねむけ》が広がった。だめだ、眠っちゃだめだ、と声に出しながら太ももまでの雪を漕《こ》いで歩く。

暗い空が鳴り、両側の林が吹雪にあおられて折れそうにきしむ。僕も風になぶられて＊右や左によろけた。

①気がつくと馬そりの箱の中にあおむけに寝《ね》ていた。上空をまだ吹雪が走っていた。しばらくの間、眠ったか気を失っていたようだった。馬を追っているのは、僕の家からさらに五キロも山奥《やまおく》に住んでいる岩倉《いわくら》のおじさんだった。

目を覚ました僕を振《ふ》り返《かえ》り、危なく死ぬとこだったぞ、あんなとこで寝てて、と言った。助かった、と思った。そう思うと②また眠くなった。

＊なぶられて…からかわれて。もてあそばれて。

〔　〕部分要約　（平成28年度版　教育出版一年289・290ページ　小檜山博「風少年」・『風少年』より）

---

(1) 「僕《ぼく》」は、どんな日に、どんな道を歩いていましたか。次の□にあてはまる言葉を文章中から書き抜《ぬ》きなさい。（各5点×2＝10点）

〔激しい□□の日に、農家もない□□□□の道を、自分の家に向かって歩いていた。〕

(2) ——線①「気がつくと馬そりの箱の中にあおむけに寝《ね》ていた」とありますが、「僕」はどうして馬そりの中にいたのですか。次の□にあてはまる言葉を文章中から書き抜きなさい。（各9点×2＝18点）

〔しばらくの間、眠《ねむ》ったか□□□□□いたらしい「僕」を□□□□□□□が助けて馬そりの箱の中に寝かせてくれたから。〕

(3) ——線②「また眠くなった」のはなぜですか。次の□にあてはまる言葉を文章中から書き抜きなさい。（10点）

〔「□□□□」と思って、安心したから。〕

(4) この文章で吹雪の激しさを聴覚《ちょうかく》を使って表した一文があります。その文の初めの四字を書き抜きなさい。（12点）

□□□□

## 2 次の文章を読んで、下の問いに答えなさい。

「兄貴、なんか変なのが走りよう。どがんする。」

ぼくは①弟の指すほうを見た。肩《かた》から新聞をぶら下げた少年（たぶん小学校の高学年か、中学の一年生ぐらいだと思った。）が、一軒《いっけん》一軒の家に新聞を放りこみながら走っているのである。新聞配達の少年の存在は知っていたのだが、こうやって意識してまじまじと見るのは初めてのことであった。彼《かれ》はぼくらが見守る中、背筋を伸《の》ばしてすっと下の道を通り過ぎていってしまったのである。

翌日も彼は同じ時刻にそこを通過していった。やはり肩からつるしたたすきに新聞を山盛り入れて、彼は一軒一軒にそれを放りこんでいくのだ。ぼくはその姿になにか心を動かされていたのだが、たくさんの子分たちの前で彼をほめるわけにもいかず、つい②心にもない行動をとってしまうのである。

そう、ぼくは彼目がけて石を投げつけたのだ。

「みんな、あいつは敵たい。敵のスパイにまちがいないったい。」

小さな子供たちはぼくの言うことをすぐに信じて、同じように彼目がけて石を投げつけ始めたのだ。新聞少年は投石に気がつき、立ち止まると③ぼくらのほうを一べつした。しかし、石を避《さ》けようともせずじっとぼくらのほうをにらみつけるのだった。いくつかの石が彼の足に当たったが、彼はにげようとはしなかった。


（平成14年度版　教育出版1年101～103ページ　辻仁成「新聞少年の歌」・『そこに僕はいた』より）

---

(1) 上の文章の場面は大きく二つに分けられます。あとの場面の初めの七字を文章中から書き抜《ぬ》きなさい。（10点）

□□□□□□□

(2) ――線①「弟の指すほう」では、誰《だれ》が、何をしていましたか。□にあてはまる言葉を文章中から書き抜きなさい。（各6点×3＝18点）

□□□□□□□□□□が、□□□□・□□□に□□を放りこみながら走っていた。

(3) ――線②「心にもない行動」とありますが、具体的にはどんなことをしたのですか。文章中から十二字で書き抜きなさい。（10点）

□□□□□□□□□□□□

(4) ――線③「ぼくらのほうを一べつした」あと、新聞少年はどうしましたか。□にあてはまる言葉を文章中から書き抜きなさい。（各6点×2＝12点）

「ぼくら」のほうを□□□□□□、石が足に当たっても、□□□□とはしなかった。

# 2 心情を読み取る

## 基本問題①

得点
／100点

学習日
／ 日

## 確認

★ 次の文章を読んで、登場人物の気持ちについてあとの問いに答えなさい。（10点）

沼《ぬま》の周りに見物に来ていた連中が引きあげたのもあたりまえ。日照り続きに、竜《りゅう》見物どころではなくなったのであった。
そんなこととは知らぬ三太郎《さんたろう》は、久しぶりにふろに入ったようにさっぱりした気持ちで、また、ずぶりと沼に身を沈《しず》めた。

（平成14年度版 三省堂1年12ページ 今江祥智「竜」・『ぱるちざん』より）

・沼《ぬま》に身を沈《しず》めたときの竜《りゅう》の三太郎《さんたろう》の気持ちを、文章中から書き抜《ぬ》きなさい。

気持ち

！ 登場人物の気持ちを読み取るには、気持ちが直接描《えが》かれている部分、表情・様子・態度・行動で表された部分、情景によって暗示・象徴《しょうちょう》された部分に注目することが大切です。

**1** 次の文章を読んで、あとの問いに答えなさい。（各10点×2＝20点）

あるブロックの中ほどまで来ると、警官は急に歩調を緩《ゆる》めた。一人の男が明かりの消えた金物屋の入り口に火のついていない葉巻《はまき》をくわえて寄り掛《か》かっていた。警官が近づいていくと、男は慌《あわ》てて話しかけた。
「心配することはないですよ、お巡《まわ》りさん。」と彼《かれ》は請《う》け合《あ》うように言った。

（平成28年度版 学校図書1年136ページ オー＝ヘンリー／大津栄一郎訳「二十年後」・『オー＝ヘンリー傑作選』より）

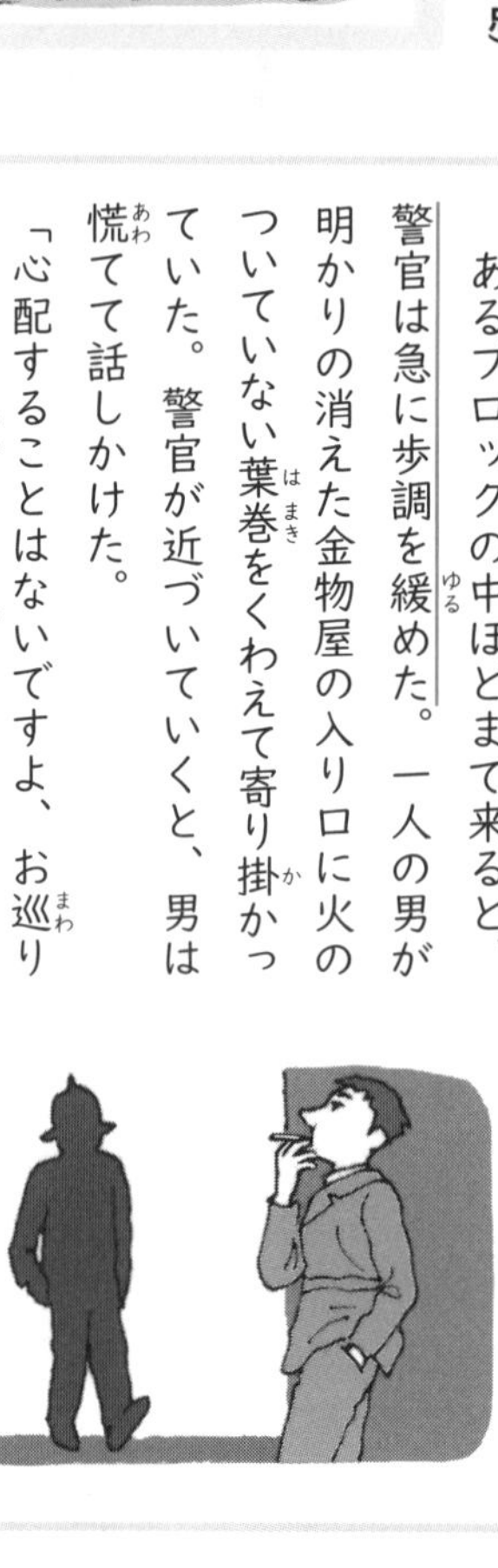

(1) ――線部は、警官のどんな気持ちを表していると考えられますか。次から一つ選び、記号で答えなさい。

ア 男に親近感を感じている。
イ 男を不審《ふしん》に思っている。
ウ 男とかかわり合いたくないと思っている。

(2) 警官に近づかれたときの男の様子を表す言葉を、文章中から三字で書き抜《ぬ》きなさい。

## 2 次の文章を読んで、あとの問いに答えなさい。

〔オツベルが象に、森から薪《たきぎ》を運んでくるように頼《たの》むと、象は笑って引き受けた。〕

晩方象は小屋にいて、八把《はちわ》のわらを食べながら、西の四日の月を見て、

「ああ、せいせいした。サンタマリア。」と、こう独り言したそうだ。

〔次の日、オツベルが象に、鍛冶場《かじば》に行って炭火を吹《ふ》くように頼むと、これも象は引き受けた。〕

その晩、象は象小屋で、七把のわらを食べながら、空の五日の月を見て、

「ああ、疲《つか》れたな、うれしいな、サンタマリア。」と、こう言った。

〔 〕部分要約

（平成28年度版 教育出版1年87ページ 宮沢賢治「オツベルと象」・『新校本 宮澤賢治全集 第十二巻』より）

(1) 森から薪《たきぎ》を運んだあとの象の気持ちを、文章中から六字で書き抜《ぬ》きなさい。（10点）

※文（内容のひとまとまり）の一部を書き抜くときは、文末の句《く》点《てん》（「。」）は書き抜きません。

(2) 鍛冶場《かじば》で炭火を吹《ふ》いたあとの象の気持ちを二つ、文章中から三字と四字で書き抜きなさい。（各10点×2＝20点）

## 3 次の文章を読んで、あとの問いに答えなさい。

オチュメーロフは左に向きを変え、人垣《ひとがき》の方に歩み寄る。まき置き場の門のすぐ脇《わき》の所で彼《かれ》は、チョッキの前をはだけた先刻の男が仁王《におう》立《だ》ちになり、右手を上げて、血まみれの指を群集に見せているのを目にする。ほろ酔《よ》い機嫌《きげん》のその顔には、「今すぐ、きさまの指をちぎってやるわ、野良《のら》犬め！」と書いてあるかのようだ。それにまた、指自体が勝利の印といった感じだ。オチュメーロフはその男が金細工師フリューキンであることに気づく。人垣の中心に、この騒《さわ》ぎの張本人が、前足を突《つ》っ張り、□、地べたに座《すわ》っている――背中に黄色いぶちのある、鼻のとがった、白いボルゾイの子犬だ。涙《なみだ》ぐんだようなその目には、悲しみと恐怖《きょうふ》の色が浮《う》かんでいる。

（平成28年度版 東京書籍2年272・273ページ アントン・チェーホフ／原卓也訳「カメレオン」・『チェーホフ全集』より）

(1) ――線部「白いボルゾイの子犬」の気持ちを表す言葉を、文章中から二つ書き抜《ぬ》きなさい。（各15点×2＝30点）

(2) □にあてはまる言葉を次から一つ選び、記号で答えなさい。（10点）

ア 全身を震《ふる》わせながら

イ 楽しそうに尾《お》を振《ふ》りながら

ウ 勝ちほこったように

# 2 心情を読み取る

## 基本問題②

得点
／100点

学習日
／　日

**1** 次の文章を読み、[　]にあてはまる言葉をそれぞれあとから一つずつ選んで、記号で答えなさい。（各10点×2＝20点）

①
「親方、どないしたらええんやろ。」

「どないもこないも、もうどうしょうもあらへん。」

三吉《さんきち》は、[　]うなだれた。


（平成28年度版　東京書籍１年45ページ　吉橋通夫「さんちき」・『さんちき』より）

ア　わくわくと
イ　さっそうと
ウ　しょんぼりと

[　　]

②
ぬすっとが、低いおどろおどろした声で言った。

「騒《さわ》ぐな。」

文吉《ぶんきち》は、体がすくんで何もできなかった。ノミを使ってるから刃物《はもの》には慣れてるはずなのに、気持ちが[　]してしまって、どうすればいいか分からなかった。

「座《すわ》れ！」


（平成28年度版　学校図書１年123ページ　吉橋通夫「ぬすびと面」・『新・文学の本だな』より）

ア　動転（ひどく驚《おどろ》くこと）
イ　消沈《しょうちん》（ひどく気持ちがしずむこと）

[　　]

**2** 次の文章を読み、[　]にあてはまる言葉を、——線部を参考にしてそれぞれあとから一つずつ選び、記号で答えなさい。（各10点×2＝20点）

①
するとその時、岳《がく》は片手でわしづかみにしている私の手首を逆に握《にぎ》り、頭だけくるりと振《ふ》り返るとそのまま私をにらみつけた。それは岳には珍《めずら》しく本当に[　]、という顔だった。

（平成28年度版　学校図書１年５ページ　椎名誠「風呂場の散髪―続岳物語」・『続岳物語』より）

ア　泣いている
イ　喜んでいる
ウ　怒《おこ》っている

[　　]

②
それに気づいたぼくはちびっ子たちに石投げをやめさせた。子供たちは石を投げるのをやめ、ぼくの次の命令を待っていた。ぼくと新聞少年はその時初めて＊対峙《たいじ》して[　]。鋭《するど》い目をした強そうな男だった。

＊対峙…向かい合って立つこと。

（平成14年度版　教育出版１年103ページ　辻仁成「新聞少年の歌」・『そこに僕はいた』より）

ア　笑い合った
イ　にらみ合った

[　　]

## 3 次の文章の――線部から、主人公のどんな気持ちがうかがえますか。あとから一つずつ選び、記号で答えなさい。

(各15点×2＝30点)

**1**

早く終わらないかなあ。

また、よりによって徒競走というのは、午前の部のラストにある。朝早いうちにやってくれれば、家の人だってまだそんなに大勢来ていないのに。

(平成14年度版　光村図書1年28ページ　赤川次郎「親友」・『ト短調の子守歌』より)

**ア** 朝早ければ気持ちがよくて楽しい。
**イ** 家の人に自分の徒競走をよく見てもらいたい。
**ウ** あまり人に見られないうちに徒競走を終わらせたい。

□

**2**

第一の組がスタートする。第二、第三……。あっという間に、麻子《あさこ》はいちばん前の列になっていた。もう前にはだれもいない。

八十メートルの空間が、とてつもなく遠く長く見える。

「麻子、がんばって。」

と、知美《ともみ》が声をかけてくれる。麻子は笑顔《えがお》を返すけれど、それはもう、こわばって泣き顔に近い。

(平成14年度版　光村図書1年29・30ページ　赤川次郎「親友」・『ト短調の子守歌』より)

**ア** 得意の短距離走《たんきょりそう》なので、一番でゴールしたい。
**イ** 走る順番がきたが、できれば逃《に》げ出してしまいたい。
**ウ** できるだけ速く走って、友達の声援《せいえん》にこたえたい。

□

## 4 次の文章を読んで、あとの問いに答えなさい。

ある夕方、――それは二月の初旬《しょじゅん》だった。良平《りょうへい》は二つ下の弟や、弟と同じ年の隣《となり》の子供と、トロッコの置いてある村外れへ行った。トロッコは泥《どろ》だらけになったまま、薄《うす》明るい中に並んでいる。が、そのほかはどこを見ても、土工《どこう》たちの姿は見えなかった。三人の子供は①おそるおそる、いちばん端《はし》にあるトロッコを押《お》した。トロッコは三人の力がそろうと、突然《とつぜん》②ごろりと車輪を回した。良平はこの音にひやりとした。しかし二度目の車輪の音は、もう彼《かれ》を驚《おどろ》かさなかった。ごろり、ごろり、――トロッコはそういう音とともに、三人の手に押されながら、そろそろ線路を登っていった。

(平成28年度版　東京書籍1年214・215ページ　芥川龍之介「トロッコ」・『芥川龍之介全集』より)

(1) ――線①「おそるおそる」トロッコを押《お》したとき、子供たちはどんな気持ちでしたか。次の□にあてはまる言葉を文章中から書き抜《ぬ》きなさい。(各10点×2＝20点)

〔 □□□□ を押すのを □□□□ に見つかるのではないかと不安に思う気持ち。〕

(2) ――線②「ごろりと車輪を回した」とき、良平はどう感じましたか。文章中から六字で書き抜きなさい。(10点)

□□□□□□

# 2 心情を読み取る

## 基本問題③

得点　／100点

学習日　／　日

**1 次の文章を読んで、あとの問いに答えなさい。**（各完答10点×2＝20点）

①
カムパネルラは、なぜかそう云《い》いながら、少し顔いろが青ざめて、どこか苦しいというふうでした。するとジョバンニも、なんだかどこかに、何か忘れたものがあるというような、おかしな気持ちがしてだまってしまいました。

（宮沢賢治「銀河鉄道の夜」・『新編 銀河鉄道の夜』新潮文庫より）

・——線部の気持ちを説明した部分を文章中から二十五字（読点も含《ふく》む）で探し、初めと終わりの四字を書き抜《ぬ》きなさい。

［　　　　］～［　　　　］気持ち。

②
帽子《ぼうし》を脱《ぬ》ぐと、日の熱さが頭を燃やした。それでも、カモメがおとなしくなったのに気をよくして、マキは髪《かみ》のほてりを忘れていった。

（平成14年度版 光村図書1年85ページ 今江祥智「麦わら帽子」・『ふたりのつむぎ唄』より）

・——線部とありますが、どんなことに気をよくしたのですか。文章中から十二字で探し、初めと終わりの四字を書き抜きなさい。

［　　　　］～［　　　　］こと。

**2 次の文章を読んで、あとの問いに答えなさい。**

文吉《ぶんきち》は、面打ち師としてまだ若い方だが、打つ面の評判が良く、自分でもやっと自信が出てきたところだ。名高い人々に少しでも近づこうと、懸命《けんめい》に励《はげ》んでいる。

ところが、軽い気持ちで引き受けたぬすびと面がなかなか打てない。

約束の日が近づいたので、「さっさとやってしまおう。」と木取りをしてノミを並べてみたが、そのまま一歩も進まない。

手本のない面を打つことが、これほどしんどいとは思わなかった。よっぽど投げ出してしまおうかとさえ考えたが、面打ち師の意地がそれを許さなかった。

（平成28年度版 学校図書1年121ページ 吉橋通夫「ぬすびと面」・『新・文学の本だな』より）

(1) ——線部「手本のない面を打つ」とき、文吉《ぶんきち》はどのように感じていますか。文章中から四字で書き抜《ぬ》きなさい。（10点）

［　　　　］

(2) (1)の気持ちから文吉がどのように考えたかを表す一文*を文章中から探し、初めの五字を書き抜きなさい。（15点）

［　　　　　］

*文…まとまった内容を表すひと区切り。終わりに「。」（句点）などがつく。

## 3 次の文章を読んで、あとの問いに答えなさい。

1 アキさんは、わざとゆっくり、ゆっくりと歩いた。さっきまで、あんなに不安だった気持ちが、今では嘘《うそ》のように消えてしまっている。
いつもの並木道から空を見上げると、雲一つない青い空が広がっていた。

・――線部はアキさんのどんな気持ちを表していると考えられますか。最も適切なものを次から一つ選び、記号で答えなさい。（10点）

ア とても不安な気持ち。
イ 晴れ晴れとした気持ち。
ウ 疲《つか》れたという気持ち。

2 ウニの数が多いのに夢中になって、あんちゃんたちも、マキのことをうっかり忘れていった。
潮が満ち始める。
小島は海におぼれ始める。
大事な大事な麦わら帽子《ぼうし》なのに、マキはそこへカモメを入れていた。

（平成14年度版　光村図書1年85・86ページ　今江祥智「麦わら帽子」・『ふたりのつむぎ唄』より）

・情景を表すことで、海に取り残されたマキの恐怖《きょうふ》の気持ちを感じさせる一文を、文章中から書き抜《ぬ》きなさい。（15点）

## 4 次の文章を読んで、あとの問いに答えなさい。（各15点×2＝30点）

トロッコは三人が乗り移ると同時に、みかん畑の匂《にお》いをあおりながら、ひた滑《すべ》りに線路を走りだした。「押《お》すよりも乗るほうがずっといい。」――良平《りょうへい》は羽織《はおり》に風をはらませながら、あたりまえのことを考えた。「行きに押すところが多ければ、帰りにまた乗るところが多い。」――そうも考えたりした。

竹やぶのある所へ来ると、トロッコは静かに走るのをやめた。三人はまた前のように、重いトロッコを押し始めた。竹やぶはいつか雑木林になった。爪先《つまさき》上がりのところどころには、赤さびの線路も見えないほど、落ち葉のたまっている場所もあった。その道をやっと登りきったら、今度は高い崖《がけ》の向こうに、広々と薄《うす》ら寒い海が開けた。と同時に良平の頭には、あまり遠く来すぎたことが、急にはっきりと感じられた。

（平成28年度版　東京書籍1年217ページ　芥川龍之介「トロッコ」・『芥川龍之介全集』より）

(1) A の場面での良平《りょうへい》の気持ちにあてはまるものを次から一つ選び、記号で答えなさい。

ア トロッコはスピードが出すぎてこわい。
イ トロッコは重いばかりでつまらない。
ウ トロッコに乗って走るのは気持ちがいい。

(2) ――線部の情景は、良平のどんな気持ちを表していると考えられますか。□にあてはまる言葉を文章中から書き抜《ぬ》きなさい。

あまりに□を
不安に思う気持ち。

# 2 心情を読み取る

## 標準問題

得点　／100点

学習日　／　日

**1 次の文章を読んで、下の問いに答えなさい。**

〔運動会の当日、苦手な徒競走を前にして、麻子《あさこ》はゆううつになっていた。〕

麻子には、みんなが寄ってたかって自分に恥《はじ》をかかせようとしているのだと思えた。①いつもはろくに口もきかない仲の悪い子に、ただ自分と同じくらい走るのが遅《おそ》いというだけで、親しげに声をかけてみたりする。そんな自分に、ますます嫌気《いやけ》が差してしまう。

早く終われ、いつまでも来るな、と②矛盾《むじゅん》した願いを唱えたり、③急に大雨になって中止にならないかしら、と青空を見上げてむなしい期待をいだいたり。でも、結局はやって来てしまうのだ。

入場行進、拍手《はくしゅ》、応援《おうえん》合戦。

あの声援《せいえん》というやつが、麻子は苦手だった。失敗したり、びりになったりすると、すごく悪いことをしたような④罪悪感におそわれるからだ。どうしてみんな、好き勝手なことをしててくれないのかしら。こっちのことなんか、ほっといてくれればいいのに。

〔　〕部分要約

（平成14年度版　光村図書1年28・29ページ　赤川次郎「親友」・『ト短調の子守歌』より）

(1) ――線①「いつも……する」とありますが、このときの麻子《あさこ》の気持ちにあてはまるものを次から選び、記号で答えなさい。(10点)

ア 同じくらい走るのが遅《おそ》いから、これからは仲良くしたいと思っている。

イ 走るのが遅いというだけで親近感をいだいている。

ウ 自分より遅い子からはげまされたいと思っている。

(2) ――線②「矛盾《むじゅん》した願い」とは何ですか。あてはまる二つの願いを文章中から書き抜《ぬ》きなさい。(完答20点)

〔　〕・〔　〕

(3) ――線③「急に……かしら」という麻子の願いは、どんな言葉で表現されていますか。文章中から六字で書き抜きなさい。(10点)

(4) ――線④は、どんなことに対する「罪悪感」ですか。最も適切なものを次から選び、記号で答えなさい。(10点)

ア 拍手《はくしゅ》をしたり声援《せいえん》を送ったりすること。

イ 走っている人をほっておかなければいけないこと。

ウ 失敗したり、びりになったりすること。

## 2 次の文章を読んで、下の問いに答えなさい。

十年来召《め》し使っている清《きよ》という女が、泣きながらおやじに謝《あやま》って、ようやくおやじのいかりが解けた。それにもかかわらず、あまりおやじをこわいとは思わなかった。かえって、この清に気の毒であった。この女は、元由緒《ゆいしょ》のある者だったそうだが、*瓦解《がかい》のときに零落《れいらく》して、つい奉公《ほうこう》までするようになったのだと聞いている。だから、ばあさんである。このばあさんが、どういう因縁《いんねん》か、①俺《おれ》を非常にかあいがってくれた。不思議なものである。母も死ぬ三日前に愛想《あいそ》をつかした――おやじも年中持て余している――町内では乱暴者の悪太郎《あくたろう》と爪弾《つまはじ》きをする――この俺を、むやみに珍重《ちんちょう》してくれた。俺は、とうてい人に好かれるたちでない、とあきらめていたから、他人から②木の端《はし》のように取り扱《あつか》われるのはなんとも思わない、かえって、この清のようにちやほやしてくれるのを不審《ふしん》に考えた。清はときどき台所で、人のいないときに「あなたはまっすぐでよいご*気性《きしょう》だ。」とほめることがときどきあった。しかし、俺には清の言う意味がわからなかった。いい気性なら、清以外の者も、もう少しよくしてくれるだろうと思った。清がこんなことを言うたびに、俺はおせじはきらいだと答えるのが常であった。すると、ばあさんは、③それだからいいご気性ですと言っては、うれしそうに俺の顔を眺《なが》めている。自分の力で俺を製造してほこってるように見える。少々気味が悪かった。

＊瓦解…ここでは、江戸幕府《えどばくふ》がほろびること。
＊気性…生まれつきの性質。気だて。

（平成28年度版　光村図書1年266・267ページ　夏目漱石「坊っちゃん」・『漱石全集 第二巻』より）

(1) 「俺《おれ》」は自分の性格を、どのように思っていましたか。文章中から十五字で書き抜《ぬ》きなさい。（10点）

(2) ――線①「俺を非常にかあいがってくれた」とありますが、このような「清《きよ》」の態度に対する「俺」の気持ちを表した言葉を、文章中から漢字三字と二字で書き抜きなさい。（各10点×2＝20点）

・

(3) ――線②「木の端《はし》のように取り扱《あつか》われる」とありますが、周りの人たちの「俺」に対する態度を表す言葉をもう一つ探して、六字で書き抜きなさい。（10点）

(4) ――線③「それだからいいご気性《きしょう》です」とありますが、「清」は例えば「俺」のどんな点が「いいご気性」だというのですか。文章中の言葉を使って書きなさい。（10点）

点。

# 3 人物像をつかむ

## 確認

★次の文章を読み、あとの□にあてはまる言葉を書き抜《ぬ》いて、登場人物やその性格についてまとめなさい。（各5点×4＝20点）

「二十年前の今夜」と男は言った、「その〈のっぽ〉のジョウ＝ブレイディの店で、ジミー＝ウェルズと食事したんですよ。私のいちばんの仲良しで、世界一気のいい男ですがね。そいつと私は、このニューヨークで、ほんとの兄弟のように一緒《いっしょ》に育ったんです。私は十八、ジミーは二十《はたち》でした。（略）

（平成28年度版　学校図書一年138ページ　オー＝ヘンリー／大津栄一郎訳「二十年後」・『オー＝ヘンリー傑作選』より）

男（私）の年齢《ねんれい》…二十年前は□

ジミー＝ウェルズの年齢…二十年前は□

ジミーの性格…世界一□

二人の関係…ジミーは「私」のいちばんの□

！ 小説を読むときには、登場人物の様子や言動などに着目して、人物像をとらえることが大切です。また、登場人物どうしの関係にも注意しましょう。

## 基本問題①

得点　／100点

学習日　／　日

**1** 次の文章を読み、登場人物についてあとの□にあてはまる言葉を書き抜《ぬ》きなさい。（各6点×5＝30点）

① 猫《ねこ》のような耳をもち、ぼやぼやした灰いろの髪《かみ》をした雪婆《ゆきば》んごは、西の山脈の、ちぢれたぎらぎらの雲を越《こ》えて、遠くへでかけていたのです。

（宮沢賢治「水仙月の四日」・『注文の多い料理店』新潮文庫より）

雪婆《ゆきば》んごは、□をもち、□した□の髪《かみ》をしている。

② 七月に夏のシベリア横断の旅から帰ってきたあたりで、岳《がく》が急に大人びてきているのに気がついた。既《すで》に声変わりし、顔つきになんとはなしの「男の意志」のようなものが表れてきた。

（平成28年度版　学校図書一年2ページ　椎名誠「風呂場の散髪―続岳物語」・『続岳物語』より）

岳《がく》は、既《すで》に□し、急に□きていた。

## 2 次の文章を読んで、あとの問いに答えなさい。（各5点×6＝30点）

文吉《ぶんきち》は、もう一度じっくりと、ぬすっとの顔を思い出してみた。

その顔は、思い出しているうちに少しずつ変わっていき、ぬすっとのそれとはやや違《ちが》うものになっていった。

額は大きく飛び出し、つり上がった眉《まゆ》と眉の間には深くて太いしわがくっきりと刻まれ、眉の下には鷹《たか》のような鋭《するど》い目がらんらんと光っている。鼻は顔の端《はし》から端までいっぱいに広がり、真一文字に引き結んだ口を盛り上がった顎《あご》が支えている。

見るからに恐《おそ》ろしいが、相手を怖《こわ》がらせようとして精いっぱい気張っている顔だ。

（平成28年度版　学校図書1年128ページ　吉橋通夫「ぬすびと面」・『新・文学の本だな』より）

・文吉《ぶんきち》が思い出したぬすっとについて、顔の各部分の特徴《とくちょう》をそれぞれ次から一つずつ選び、記号で答えなさい。

ア　鷹《たか》のように鋭《するど》い。
イ　真一文字に引き結んでいる。
ウ　大きく飛び出している。
エ　顔いっぱいに広がっている。
オ　盛り上がっている。
カ　つり上がっている。

額 [　]　目 [　]　口 [　]

眉《まゆ》 [　]　鼻 [　]　顎《あご》 [　]

## 3 次の文章を読み、[　]にあてはまる言葉を、文章中から二字で書き抜《ぬ》きなさい。（10点）

菜園の西側が山城《やましろ》屋という質屋《しちや》の庭続きで、この質屋に勘太郎《かんたろう》という十三、四のせがれがいた。勘太郎は、むろん弱虫である。[　]のくせに四つ目垣《がき》を乗り越《こ》えて、くりを盗《ぬす》みに来る。ある日の夕方、折り戸の陰《かげ》に隠《かく》れて、とうとう勘太郎をつらまえてやった。

（平成28年度版　光村図書1年264ページ　夏目漱石「坊っちゃん」・『漱石全集 第二巻』より）

[　　]

## 4 次の文章を読み、[　]にあてはまる言葉をあとから選び、記号で答えなさい。（10点）

思い起こせば、僕《ぼく》には片足の[　]がいた。あの少年とどうして仲良しになったのかは思い出せない。気がついたら僕たちのグループの中にいたのだ。片足の少年の名字はなぜかもう思い出せない。あーちゃんと呼んでいたのでそっちの印象のほうが強いのだろう。

（平成28年度版　東京書籍1年271ページ　辻仁成「そこに僕はいた」・『そこに僕はいた』より）

ア　弟
イ　友達

[　]

# 3 人物像をつかむ

## 基本問題②

得点 ／100点

学習日 ／日

**1** 次の文章を読み、登場人物についてあとの□にあてはまる言葉を書き抜《ぬ》きなさい。（各5点×4＝20点）

麻子《あさこ》のコンプレックスの一つは、走るのが遅《おそ》いことだった。

だから、運動会が近づくとゆううつになり、前の日になると食欲がなくなり、当日はおなかが痛くなる。決まってそのパターンだった。

でも、母親は、そんなことで運動会を休ませてはくれなかった。

「嫌《いや》だなあ、徒競走。」

と、麻子は言った。

「麻子、何組目。」

と、知美《ともみ》がきいた。

知美は、クラスでもトップを争う足の持ち主だった。

（平成14年度版　光村図書1年25ページ　赤川次郎「親友」・『ト短調の子守歌』より）

麻子《あさこ》の悩《なや》みは、□こと。

一方、知美《ともみ》は、□でも□を争う□である。

**2** 次の文章を読んで、あとの問いに答えなさい。

八つのときに、この「車伝《くるまでん》」に弟子《でし》入りして、まだ五年。一人前になるには、もう七、八年かかる。

ところが、あの口うるさい親方が、

「□の三吉《さんきち》にも、てつどうてもらおか。こんだけ大きな車を作ることは、一生に、何べんもあらへんしな。」

と、矢を作るのを一本だけ任せてくれた。

弟子入りしてから初めて必死でやった。親方の細かい注意も真面目に聞いた。いつもなら半分も聞いてないのに——。

（平成28年度版　東京書籍1年41ページ　吉橋通夫「さんちき」・『さんちき』より）

(1) 登場人物について次の□にあてはまる言葉を文章中から書き抜《ぬ》きなさい。（各5点×3＝15点）

三吉《さんきち》は、「車伝《くるまでん》」に□して□年。

親方は、□人である。

(2) 文章中の□にあてはまる言葉を選び、記号で答えなさい。（10点）

ア　半人前

イ　一人前

ウ　二人前

□

## 3 次の文章を読んで、あとの問いに答えなさい。

**1**

母が死んでからは、おやじと兄と三人で暮らしていた。おやじはなんにもせぬ男で、人の顔さえ見れば、きさまはだめだ、だめだと、口ぐせのように言っていた。何がだめなんだか、今にわからない。妙《みょう》なおやじがあったもんだ。兄は実業家になるとか言って、しきりに英語を勉強していた。元来さっぱりしない性分《しょうぶん》で、[　　]から、仲がよくなかった。十日に一ぺんぐらいの割でけんかをしていた。あるとき将棋《しょうぎ》を指したら、ひきょうな待ち駒《ごま》をして、人が困ると、うれしそうに冷やかした。あんまり腹が立ったから、手にあった飛車《ひしゃ》を眉間《みけん》へたたきつけてやった。眉間が割れて少々血が出た。兄がおやじに言つけた。おやじが俺《おれ》を勘当《かんどう》すると言いだした。

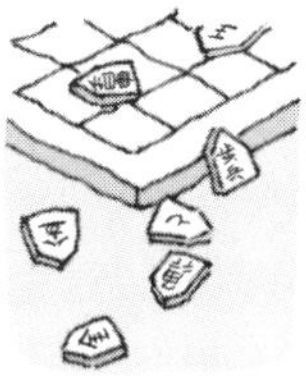

（平成28年度版　光村図書1年266ページ　夏目漱石「坊っちゃん」・『漱石全集　第二巻』より）

(1) 「俺《おれ》」からみた兄の性格として、文章中の[　　]にあてはまる言葉を次から一つ選び、記号で答えなさい。（10点）

ア 優《やさ》しい
イ こわい
ウ ずるい

(2) ――線「仲がよくなかった」ことを表す最も適切な一文*を文章中から探し、初めの五字を書き抜《ぬ》きなさい。（10点）

＊文…まとまった内容を表すひと区切り。終わりに「。」（句点）などがつく。

---

**2**

〔「僕《ぼく》」は「街の学校」に通うため、谷本《たにもと》さんの家にお世話になることになった。その初めての朝、「僕」はおじさんとおばさんの前に正座して、正式な挨拶《あいさつ》をした。〕

おばさんが、おまえたち啓《けい》ちゃんを見習いなさい、と言った。*千絵《ちえ》さんがおどけた声で、はいはい、と言う。笑っていた。

――僕も家にいるときはひどいんですから。

言って頭をかいた。*光江《みつえ》が母親に向かって正座し、両手をついて、おはようございます、と頭を深々と下げた。それから頭を上げて大声で笑った。明るい笑い声だった。

僕は顔を洗いに歩きながら、ほっとした。みんなと仲よくなれそうだと思った。

〔　〕部分要約

＊谷本さんの家族で千絵は中学三年生、光江は小学一年生。

（平成28年度版　教育出版1年291・292ページ　小檜山博「風少年」・『風少年』より）

(1) この場面での谷本家の子供たちの言動を説明するものとして適切なものを次から選び、記号で答えなさい。（15点）

ア 新入りの「僕《ぼく》」をからかおうとしている。
イ 「僕」の気分を解きほぐそうとしている。
ウ 母親に気に入られようとしている。

(2) この場面からうかがえる「僕」の性格にあてはまるものを次から二つ選び、記号で答えなさい。（各10点×2＝20点）

ア 一見明るく振《ふ》る舞《ま》うが、内面は暗く執念《しゅうねん》深い。
イ 周囲の人の気持ちに敏感《びんかん》に反応する。
ウ 非常に警戒心《けいかいしん》が強く、人と打ち解けない。
エ 真面目で、礼儀《れいぎ》正しい。

# 3　人物像をつかむ

## 基本問題③

得点
／100点

学習日
日

**1** 次の文章を読んで、あとの問いに答えなさい。（各15点×2＝30点）

① ぼくはなぜかいいようのないショックで、それから数日考えこんでしまった。ぼくは昔から考えこむタイプだったようだ。あの時ぼくは新聞配達の少年を実は心のどこかで尊敬していたのだと思う。自分を彼《かれ》に投影《とうえい》し始めていたのだ。

（平成14年度版　教育出版1年106ページ　辻仁成「新聞少年の歌」・『そこに僕はいた』より）

・ぼくの性格がわかる表現を文章中から七字で書き抜《ぬ》きなさい。

② 体の長さは山をふた巻きするくらいもあり、雲を呼び風を起こし天をかけることもできるというのに、竜《たつ》の子三太郎《さんたろう》はほんとに気が弱くて、いつもいつも、沼《ぬま》の底でじいっととぐろを巻いて、息を殺しておるのだった。

（平成14年度版　三省堂1年2ページ　今江祥智「竜」・『ぱるちざん』より）

・三太郎《さんたろう》はどんな性格ですか。文章中の言葉を使って書きなさい。

（　　　　性格）

**2** 次の文章を読んで、あとの問いに答えなさい。（各15点×2＝30点）

親譲《ゆず》りの無鉄砲《むてっぽう》で子供のときから損ばかりしている。小学校にいる時分、学校の二階から飛び降りて、一週間ほど腰《こし》を抜《ぬ》かしたことがある。なぜそんなむやみをした、ときく人があるかもしれぬ。べつだん深い理由でもない。新築の二階から首を出していたら、同級生の一人が冗談《じょうだん》に、いくらいばっても、そこから飛び降りることはできまい、弱虫やーい、とはやしたからである。人におぶさって帰ってきたとき、おやじが大きな目をして、二階ぐらいから飛び降りて腰を抜かすやつがあるかと言ったから、この次は抜かさずに飛んでみせますと答えた。

（平成28年度版　光村図書1年264ページ　夏目漱石「坊っちゃん」・『漱石全集 第二巻』より）

(1) 主人公は、自分の性質をどんな表現で言い表していますか。文章中から七字で書き抜《ぬ》きなさい。

(2) ――線部から、主人公のどんな性格がうかがえますか。適切なものを次から選び、記号で答えなさい。

ア　我慢《がまん》強い
イ　負けず嫌《ぎら》い

**3** 次の文章を読み、オチュメーロフの性格として、最も適切なものをあとから一つ選び、記号で答えなさい。（　　部の前後の、オチュメーロフの変化に注目する。）（20点）

〔区警察署長のオチュメーロフが、フリューキンをかんだという犬について、部下のエルドゥイリンに指示を出す。〕

「これがどこの犬か調べあげて、調書を作れ。犬は撲殺《ぼくさつ》だ。すぐにやるんだぞ！　こいつはきっと狂犬《きょうけん》にちがいない……おい、誰《だれ》か、この犬がどこのか知らないか？」

「これはジガーロフ将軍のところの犬じゃないかな！」

群集の中の誰かが言う。

「ジガーロフ将軍？　ふむ！　……おい、エルドゥイリン、わしの外とうを脱《ぬ》がしてくれ……恐《おそ》ろしく暑いな！　どうも雨になるようだな……ただ、一つだけ腑《ふ》に落ちないことがあるんだがね。いったいどうして、この犬がかんだりできるんだ？」

オチュメーロフはフリューキンに顔を向ける。

「この犬がおまえの指に届くかね？　犬はこんなに小さいってのに、おまえときたらそのとおりの大入道じゃないか！　きっとくぎでも刺《さ》して、後から、うそをつこうなんて悪知恵《わるぢえ》を起こしたんだろう。とにかくおまえは……有名だからな！　おまえらみたいな手合いは、よく承知してるんだ！」　〔　〕部分要約

（平成28年度版　東京書籍2年274ページ　アントン・チェーホフ／原卓也訳「カメレオン」・『チェーホフ全集』より）

**ア**　日ごろから将軍を尊敬している真面目な性格。

**イ**　相手によって態度を変えるようなひきょうな性格。

**ウ**　悪者をやっつけようとする正義感の強い性格。

□

**4** 次の文章を読み、オツベルの人物像として最も適切なものをあとから一つ選び、記号で答えなさい。（20点）

〔オツベルにこき使われている白い象を助けに、たくさんの象が押《お》し寄せてきた。〕

「おい、象のやつは小屋にいるのか。いる？　いる？　いるのか。よし、戸を閉めろ。戸を閉めるんだよ。早く象小屋の戸を閉めるんだ。ようし、早く丸太を持ってこい。閉じこめちまえ、ちくしょうめじたばたしやがるな、丸太をそこへ縛《しば》りつけろ。何ができるもんか。わざと力を減らしてあるんだ。ようし、もう五、六本、持ってこい。さあ、だいじょうぶだ。だいじょうぶだとも。慌《あわ》てるなったら。おい、みんな、今度は門だ。門を閉めろ。かんぬきをかえ。突《つ》っ張《ぱ》り。突っ張り。そうだ。おい、みんな心配するなったら。しっかりしろよ。」オツベルはもう支度《したく》ができて、ラッパみたいないい声で、百姓《ひゃくしょう》どもを励《はげ》ました。ところがどうして、百姓どもは気が気じゃない。こんな主人に巻《ま》き添《ぞ》えなんぞ食いたくないから、みんなタオルやハンケチや、汚《よご》れたような白いようなものを、ぐるぐる腕《うで》に巻きつける。降参をする印なのだ。

〔　〕部分要約

（平成28年度版　教育出版1年91・92ページ　宮沢賢治「オツベルと象」・『新校本 宮澤賢治全集 第十二巻』より）

**ア**　大変なときにも冷静で頼《たよ》りがいがある。

**イ**　何事にも全力で立ち向かっていく。

**ウ**　頭の回転は良いが百姓《ひゃくしょう》には慕《した》われていない。

□

## 標準問題

得点　／100点

学習日　／　日

**1** 次の文章を読んで、下の問いに答えなさい。

ぬすっとは、うむと気張って二人をにらみつけた。

それは、①思わず震《ふる》え上《あ》がるような恐《おそ》ろしい顔だった。

「は、はい。」

慌《あわ》てて両手をついて頭を下げたが、次の瞬間《しゅんかん》、文吉《ぶんきち》は、はじかれたように顔を上げた。そして、ぬすっとの顔を改めてまじまじと見つめた。

ぐいと寄せた太い眉《まゆ》は、先の方がぴんと跳《は》ね上《あ》がり、目は天狗《てんぐ》のように鋭《するど》く光り、たくましい鼻はみごとに盛り上がって横に広がり、引き結んだ大きな口には、すさまじいほどの力強さがみなぎっている。肌《はだ》の色は日に焼けてあくまで黒い。

それは普通《ふつう》の人間の顔ではなかった。

文吉は、その顔の隅《すみ》から隅までなめるように見ていった。

すると、うむと気張った恐ろしい顔の裏に、②もう一つの別の顔があるような気がしてきた。

反対にこちらから「わあっ。」と脅《おど》かしてやると、とたんにぷっと吹《ふ》き出《だ》してしまうような、なんとも滑稽《こっけい》でおかしな顔が隠《かく》されているような気がした。

（平成28年度版　学校図書1年125・126ページ　吉橋通夫「ぬすびと面」・『新・文学の本だな』より）

(1) ――線①「思わず……恐《おそ》ろしい顔」について、次の□にあてはまる言葉を文章中から書き抜《ぬ》きなさい。（各5点×5＝25点）

□眉《まゆ》、

□鋭《するど》く光る目、

□鼻、

□口、

□黒い肌《はだ》の色。

(2) ――線②「もう一つの別の顔」とはどんな顔ですか。文章中から十二字で書き抜きなさい。（15点）

(3) 文吉《ぶんきち》が考えたぬすっとの人物像として、最も適切なものを次から一つ選び、記号で答えなさい。（10点）

**ア** 人を震《ふる》え上《あ》がらせるほど恐ろしい。

**イ** いつも人を笑わせるひょうきん者である。

**ウ** 恐ろしく見せているが、どこか滑稽《こっけい》でおかしな感じ。

## 2 次の文章を読んで、下の問いに答えなさい。

〔東京で働く良平《りょうへい》は、突然《とつぜん》なんの理由もなく、トロッコのことを思い出すことがある。昔、トロッコを押《お》して叱《しか》られたのだ。〕

「①この野郎《やろう》！　誰《だれ》に断ってトロに触《さわ》った？」

そこには古い印《しるし》ばんてんに、季節外れの麦わら帽《ぼう》をかぶった、背の高い土工《どこう》がたたずんでいる。――そういう姿が目に入ったとき、良平は年下の二人といっしょに、もう五、六間《けん》逃《に》げだしていた。――それぎり良平は使いの帰りに、人気《ひとけ》のない工事場のトロッコを見ても、二度と乗ってみようと思ったことはない。ただそのときの土工の姿は、今でも良平の頭のどこかに、はっきりした記憶《きおく》を残している。（中略）

そののち十日余りたってから、良平はまたたった一人、昼過ぎの工事場にたたずみながら、トロッコの来るのを眺《なが》めていた。すると土を積んだトロッコのほかに、枕木《まくらぎ》を積んだトロッコが一両、これは本線になるはずの、太い線路を登ってきた。このトロッコを押しているのは、二人とも②若い男だった。良平は彼《かれ》らを見たときから、何だか親しみやすいような気がした。「この人たちならば叱られない。」――彼はそう思いながら、トロッコのそばへ駆《か》けていった。

「おじさん。押してやろうか。」

その中の一人、――しまのシャツを着ている男は、うつむきにトロッコを押したまま、③思ったとおり快い返事をした。

「おお、押*してくよう。」

*押してくよう…押してくれよ。

〔　〕部分要約

（平成28年度版　東京書籍1年215・216ページ　芥川龍之介「トロッコ」・『芥川龍之介全集』より）

(1) ――線①「この野郎《やろう》！……トロに触《さわ》った？」とどなった土工《どこう》は、どんな姿をしていましたか。次の文の□にあてはまる言葉を、文章中から書き抜《ぬ》きなさい。（各5点×3＝15点）

□が高く、□を着て、□をかぶっている。

(2) ――線②「若い男」たちの姿は、良平《りょうへい》にはどのように見えましたか。次の文の□にあてはまる言葉を、文章中から書き抜きなさい。（10点）

□ように見えた。

(3) ――線③「思ったとおり」とありますが、良平はどのように思っていたのですか。文章中から十二字で書き抜きなさい。（15点）

□

(4) 「良平」について説明したものとして、最も適切なものを次から選び、記号で答えなさい。（10点）

ア　子供扱《あつか》いされた悔《くや》しさから、トロッコに乗りたがっている。
イ　好奇心《こうきしん》からトロッコに乗ることにあこがれている。
ウ　禁止されたトロッコに乗って人を驚《おどろ》かそうと思っている。

□

# 4 表現に注意する

## 基本問題①

得点
／100点

学習日
／ 日

**確認**

★次の1〜3の文を読み、あとの□にあてはまる言葉を書き抜《ぬ》いて、各文の表現についてまとめなさい。（各5点×6＝30点）

1 馬が風のように走っていった。
2 子供にとって遊びは勉強だ。
3 風がさやさやとけやきにささやく。

直喩法《ちょくゆほう》（明喩法《めいゆほう》）（「〜のように」などを使ってたとえる。）

1の文では□が走る様子を□にたとえている。

隠喩法《いんゆほう》（暗喩法《あんゆほう》）（「〜のように」などを使わないでたとえる。）

2の文では□□を□□にたとえている。

擬人法《ぎじんほう》（人でないものを人のように表現する。）

3の文では□がさやさやと吹《ふ》く様子を□□□□と表現している。

！〈主な表現技法〉
・直喩法、隠喩法、擬人法、体言止《たいげんど》め、反復法《はんぷくほう》など。

**1** 次の文章を読んで、その表現についてあとの□にあてはまる言葉を文章中から書き抜《ぬ》きなさい。（各5点×3＝15点）

オツベルの犬も気がたって、火のつくようにほえながら、屋敷《やしき》の中をはせ回る。

（平成28年度版 教育出版1年92ページ 宮沢賢治「オツベルと象」・『新校本 宮澤賢治全集 第十二巻』より）

□が□□□□激しくほえる様子を、「□□□□□□」と表している。

（「〜ように」を使った直喩法《ちょくゆほう》）

**2** 次の文の――線部はどんな様子を表していますか。最も適切なものをあとから一つ選び、記号で答えなさい。（5点）

たちまちまき置き場の辺りには、まるで地から湧《わ》いたように、黒山の人垣《ひとがき》が築かれる。

（平成28年度版 東京書籍2年272ページ アントン・チェーホフ／原卓也訳「カメレオン」・『チェーホフ全集』より）

ア 人々が短い期間に大きな垣根《かきね》を築きあげた様子。
イ 人々がどこからともなく大勢集まってくる様子。
ウ 人々がありの群れのように並んで移動する様子。

□

## 3 次の文章を読んで、その表現についてあとの□にあてはまる言葉を文章中から書き抜《ぬ》きなさい。（各10点×2＝20点）

やがて、＊十三湖《じゅうさんこ》が冷え冷えと白く目前に展開する。浅い真珠《しんじゅ》貝《がい》に水を盛ったような、気品はあるがはかない感じの湖である。波一つない。船も浮《う》かんでいない。ひっそりしていて、そうして、なかなかひろい。人に捨てられた孤独《こどく》の水たまりである。

＊十三湖…青森県の津軽半島《つがるはんとう》にある湖。

（太宰治『津軽』岩波文庫より）

波一つなく、船も浮《う》かんでいない、ひっそりとした□を、□にたとえている。（隠喩法《いんゆほう》）

## 4 「ぬすっと」が死刑《しけい》を覚悟《かくご》していることは、どの表現からわかりますか。□にあてはまる言葉を文章中から書き抜《ぬ》きなさい。（各5点×2＝10点）

「たとえわしが獄門台《ごくもんだい》の露《つゆ》と消えようとも、地獄《じごく》の底からじっと見ているからな。」

ぬすっとは、うむと気張って二人をにらみつけた。

（平成28年度版　学校図書１年125ページ　吉橋通夫「ぬすびと面」・『新・文学の本だな』より）

□の□とも

## 5 次の文章を読み、その表現についてあとの問いに答えなさい。（各10点×2＝20点）

俄《にわ》かに、車のなかが、ぱっと白く明るくなりました。見ると、もうじつに、金剛石《こんごうせき》や草の露《つゆ》やあらゆる立派さをあつめたような、きらびやかな銀河の河床《かわどこ》の上を水は声もなくかたちもなく流れ、その流れのまん中に、ぼうっと青白く後光の射《さ》した一つの島が見えるのでした。その島の平らないただきに、立派な眼《め》もさめるような、白い十字架《じゅうじか》がたって、それはもう凍《こお》った北極の雲で鋳《い》たといったらいいか、すきっとした金いろの円光をいただいて、しずかに永久に立っているのでした。

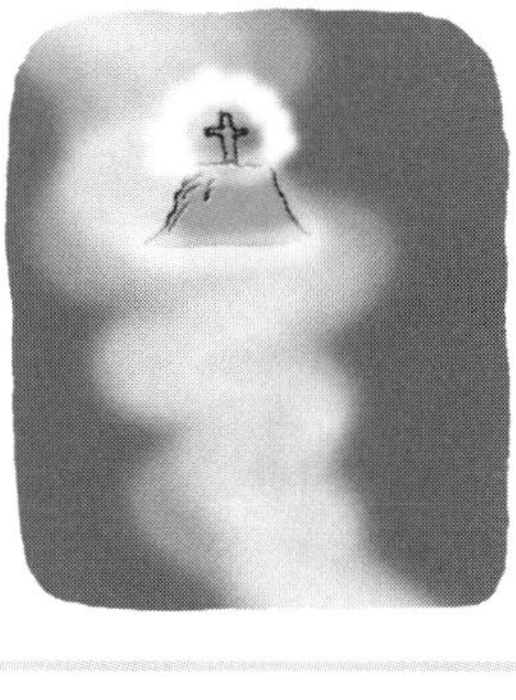

（宮沢賢治「銀河鉄道の夜」・『新編 銀河鉄道の夜』新潮文庫より）

(1) 次の□にあてはまる言葉を文章中から書き抜《ぬ》きなさい。

水が静かに流れる様子を、「□」と表している。（擬人法《ぎじんほう》）

(2) ――線部はどんな様子を表していますか。適切なものを次から選び、記号で答えなさい。

ア 銀河の河床《かわどこ》がごうかで美しい様子。

イ 車の中がきらびやかで明るい様子。

□

# 4 表現に注意する

## 基本問題②

得点
／100点
学習日
／
日

**1** 次の文章の――線「矢のように」は、何のどんな様子を表していますか。あとから一つ選び、記号で答えなさい。（10点）

それからにわかによだか*は口を大きくひらいて、はねをまっすぐに張って、まるで矢のようにそらをよこぎりました。小さな羽虫《はむし》が幾匹《いくひき》も幾匹もその咽喉《のど》にはいりました。

＊よだか…ヨタカ。昆虫《こんちゅう》類を食べる鳥。

（宮沢賢治「よだかの星」・『脳を鍛える大人の名作読本②よだかの星・一房の葡萄』くもん出版より）

ア 羽虫《はむし》がはねをまっすぐに張って飛ぶ様子。
イ よだかがまっすぐに速く飛ぶ様子。
ウ よだかがゆるやかに弧《こ》を描《えが》いて飛ぶ様子。

□

**2** 次の文章を読んで、倒置法が用いられた一文*を探し、初めの三字を書き抜《ぬ》きなさい。（10点）

でも、麻子《あさこ》はちがう。一生懸命《けんめい》にやるのだが、失敗する。それも本人がみじめに落ちこんでしまうから、まさにみじめな失敗という印象をあたえるのだ。

不公平だ、世の中って。麻子は、ずいぶん幼いころからそう思ってきた。


（平成14年度版 光村図書1年27ページ 赤川次郎「親友」・『ト短調の子守歌』より）

□□□

＊文…まとまった内容を表すひと区切り。終わりに「。」（句点）などがつく。

**3** 次の文章を読んで、表現（反復法）についてまとめたあとの文章の□にあてはまる言葉を文章中から書き抜《ぬ》きなさい。（各10点×3＝30点）

「毛布をかぶって、うつ向けになっておいで。毛布をかぶって、うつむけになっておいで。ひゅう。」雪童子《ゆきわらす》は走りながら叫《さけ》びました。けれどもそれは子どもにはただ風の声ときこえ、そのかたちは眼《め》に見えなかったのです。

「うつむけに倒《たお》れておいで。ひゅう。動いちゃいけない。じきやむからけっと*をかぶって倒れておいで。」雪わらすはかけ戻《もど》りながら又《また》叫びました。子どもはやっぱり起きあがろうとしてもがいていました。

「倒れておいで、ひゅう、だまってうつむけに倒れておいで、今日《きょう》はそんなに寒くないんだから凍《こご》えやしない。」

雪童子は、もう一ど走り抜《ぬ》けながら叫びました。

＊けっと…毛布。

（宮沢賢治「水仙月の四日」・『注文の多い料理店』新潮文庫より）

雪童子《ゆきわらす》は「□□をかぶって、□□□□に
なって、□□□□□。」と繰《く》り返している。
子どもの無事を願う雪童子の気持ちが伝わってくる表現である。

## 4 次の文章を読んで、あとの問いに答えなさい。

（各10点×2＝20点）

線路のへりになったみじかい芝草《しばくさ》の中に、＊月長石《げっちょうせき》ででも刻まれたような、すばらしい紫《むらさき》のりんどうの花が咲《さ》いていました。

「ぼく、飛び下りて、あいつをとって、また飛び乗ってみせようか。」ジョバンニは胸を躍《おど》らせて云《い》いました。

「もうだめだ。あんなにうしろへ行ってしまったから。」

カムパネルラが、そう云ってしまうかしまわないうち、次のりんどうの花が、いっぱいに光って過ぎて行きました。

と思ったら、もう次から次から、たくさんのきいろな底をもった①りんどうの花のコップが、湧《わ》くように、雨のように、目の前を通り、三角標《さんかくひょう》の列は、②けむるように［　］ように、いよいよ③光って立ったのです。

＊月長石…青みを帯びた白色で光たくをもつ石。

（宮沢賢治「銀河鉄道の夜」・『新編 銀河鉄道の夜』新潮文庫より）

(1) ——線①「りんどうの花のコップ」とは、何ですか。適切なものを次から選び、記号で答えなさい。

ア りんどうの花を材料にしてつくられたコップ。
イ コップのような形をしているりんどうの花。

［　］

(2) ［　］にあてはまる言葉を、——線②「けむるように」、③「光って立った」を参考にして次から一つ選び、記号で答えなさい。

ア 燃える
イ すべる
ウ 落ちる

［　］

## 5 次の文章を読んで、［①］～［③］にあてはまる言葉をそれぞれあとから一つずつ選び、記号で答えなさい。（同じ記号は二度選べません。）

（各10点×3＝30点）

気が焦《あせ》って、なかなか思うようにいかない。丸いところが角張《かくば》ってしまった。構わず彫《ほ》り進む。鼻の頭に、［①］と汗《あせ》が吹《ふ》き出《だ》す。

続いて三字目も彫り終わり、残るはあと一字だけになった。のみを持ち直して彫っていく。

「何してるんや！」

いきなり親方の怒《ど》鳴《な》り声が響《ひび》いた。

［②］と跳《と》び上がった三吉《さんきち》は、慌《あわ》ててろうそくの明かりを吹き消した。

「ろうそくが、もったいないやないか！」

と怒鳴られそうな気がしたからだ。

ところが親方は、

「物騒《ぶっそう》やないか！」

と怒鳴った。

三吉は、［③］と首をすくめ、いかにもすまなそうにうなだれた。

（平成28年度版 東京書籍1年42・43ページ 吉橋通夫「さんちき」・『さんちき』より）

ア ぞろぞろ　イ ぷつぷつ　ウ さらっ
エ ひょこっ　オ びくっ　カ ぞくっ

① ［　］
② ［　］
③ ［　］

# 4 表現に注意する

## 標準問題

得点　／100点

学習日　／　日

**1** 次の文章を読んで、下の問いに答えなさい。

「オツベルをやっつけよう。」議長の象が高く叫《さけ》ぶと、

「おう、出かけよう。ⓐグララアガア、グララアガア。」みんなが一度に呼応する。

さあ、もうみんな、嵐《あらし》のように林の中を鳴き抜《ぬ》けて、グララアガア、グララアガア、野原の方へとんでいく。小さな木などは根こぎになり、やぶやなんかもⓑめちゃめちゃだ。ⓒグワア　グワア　グワア、グワア、花火みたいに野原の中へとび出した。それから、なんの、走って、走って、とうとう向こうの青くかすんだ野原の果てに、オツベルの屋敷《やしき》の黄色な屋根を見つけると、象は一度に噴火《ふんか》した。

グララアガア、グララアガア。その時はちょうど一時半、オツベルは皮の寝台《しんだい》の上で昼寝の盛《さか》りで、からすの夢を見ていたもんだ。あまり大きな音なので、オツベルの家の百姓《ひゃくしょう》どもが、門から少し外へ出て、小手《こて》をかざして向こうを見た。林のような象だろう。汽車より速くやってくる。さあ、まるっきり、血の気もうせて駆《か》け込《こ》んで、

「だんなあ、象です。押《お》し寄《よ》せやした。だんなあ、象です。」

と、声を限りに叫んだもんだ。

ところがオツベルはやっぱり偉《えら》い。目をⓓぱっちりとあいた時は、もうなにもかもわかっていた。


（平成28年度版　教育出版1年90・91ページ　宮沢賢治「オツベルと象」・『新校本 宮澤賢治全集 第十二巻』より）

(1) 林の中から野原の方へ象が向かう様子を、直喩《ちょくゆ》法《ほう》を使ってどのようにたとえていますか、次の［　］にあてはまる言葉を文章中から書き抜《ぬ》きなさい。（各7点×2＝14点）

象は［　　］のように林の中を鳴き抜《ぬ》けて、［　　］みたいに野原の中へとび出した。

(2) ＝＝線ⓐ～ⓓの中で、擬音語《ぎおんご》（物の音や動物の鳴き声などの様子を表した言葉）はどれですか。二つ選び、記号で答えなさい。（各5点×2＝10点）

［　］・［　］

(3) 象が、とてつもない速さでオツベルの家に向かってくる様子を、何と比べて表現していますか。文章中から二字で書き抜きなさい。（10点）

［　　］

(4) ――線「象は一度に噴火《ふんか》した」にはどんな表現技法が用いられていますか。正しいものを次から一つ選び、記号で答えなさい。（13点）

ア 直喩法（「～のように」などを使ってたとえる。）
イ 隠喩《いんゆ》法《ほう》（「～のように」などを使わないでたとえる。）
ウ 擬人法《ぎじんほう》（人でないものを人のようにたとえる。）

［　］

## 2 次の文章を読んで、下の問いに答えなさい。

時間のことなどかまわなかったが、さすがにくたびれた楢《なら》やんが、ふと手を休めて前を見ると、途方《とほう》もなく大きなうなぎがにょろりと泳いでおる。

――こらまあ、つきについとるど……。

と、舟《ふね》をそろりと寄せようとしたとき、沼《ぬま》の面《おも》に、どでかい穴が、二つ開いたかと思うと、なま暖かい空気が、ぶわあっと辺り一面に広がった。①三太郎《さんたろう》が、たまっていた息をはいたのである。

そして、よほど気が大きくなっていたときなのか、三太郎は、ちょいと顔を突《つ》き出《だ》してみたのだ。

②うなぎが[ ① ]と立ち上がった。そいつが三太郎のひげだったことは、いうまでもない。

楢やんの目が、ふだんの十倍ほどにも見開かれたが、三太郎の目は、その何百倍も大きかった。楢やんは、わあああっとわめいて、[ ② ]と腰《こし》をぬかしてしまった。

しかし、三太郎のほうはもっとおどろいた。人に見つかっただけでなく、そいつに、わあああっとおどかされたのだからたまらない。こちらも、きゃっとわめいて、とび上がった。

といっても、そこがそれ、山をふた巻きもできるほどどでかい竜《りゅう》のこと、沼の水は泡立《あわだ》ち逆巻き立ち上り、楢やんは舟ごと岸にふっ飛ばされてしもうた。

（平成14年度版　三省堂1年4～8ページ　今江祥智「竜」・『ぱるちざん』より）

(1) ――線①「三太郎《さんたろう》が……息をはいた」様子は、どのように表現されていますか。次の[ ]にあてはまる言葉を書き抜《ぬ》きなさい。（各5点×2＝10点）

沼《ぬま》の面《おも》に[ ]が二つ開き、[ ]が辺りに広がった。

(2) [ ① ]・[ ② ]にあてはまる言葉をそれぞれ次から一つずつ選び、記号で答えなさい。（各5点×2＝10点）

ア へたへた　イ じろり
ウ ぶつぶつ　エ ひょろり

① [ ]　② [ ]

(3) ――線②「うなぎ」について、次の問いに答えなさい。

① 何を「うなぎ」にたとえていますか。次の[ ]にあてはまる言葉を文章中から書き抜きなさい。（各5点×2＝10点）

[ ]の[ ]

② ここで用いられている表現技法を何といいますか。（13点）

[ ]法

(4) 三太郎がとても大きい様子をどのように表現していますか。次の[ ]にあてはまる言葉を文章中から書き抜きなさい。（10点）

[ ]もできるほどどでかい。

# 5 主題をとらえる

## 基本問題①

得点
／100点

学習日
／　日

### 確認

★ 次の文章で中心的に描《えが》かれているのはどんなことですか。適切なものをあとから選び、記号で答えなさい。（20点）

〔「俺《おれ》」が四国へ出立する日、長年奉公《ほうこう》してくれた清《きよ》が見送りに来た。〕

車を並べて停車場へ着いて、プラットフォームの上へ出たとき、車へ乗り込《こ》んだ俺の顔をじっと見て、「もうお別れになるかもしれません。ずいぶんごきげんよう。」と小さな声で言った。目に涙《なみだ》がいっぱいたまっている。俺は泣かなかった。しかし、もう少しで泣くところであった。汽車がよっぽど動きだしてから、もう大丈夫《だいじょうぶ》だろうと思って、窓から首を出して振《ふ》り向《む》いたら、やっぱり立っていた。なんだかたいへん小さく見えた。

（平成28年度版　光村図書1年272ページ　夏目漱石「坊っちゃん」・『漱石全集 第二巻』より）　〔　〕部分要約

ア　旅立つ「俺《おれ》」と清《きよ》とのつらい別れ。
イ　清の「俺」に対するめんどうみのよさ。

□

！ 主題は、作品が訴《うった》えかけている最も中心的な内容のこと。繰《く》り返される言葉などに注目して、主題を読み取りましょう。

### 1

次の文章で中心的に描《えが》かれているのはどんなことですか。最も適切なものをあとから一つ選び、記号で答えなさい。（20点）

〔運動会の徒競走で、足の遅《おそ》い麻子《あさこ》は、足の速い知美《ともみ》といっしょの組で走った。〕

麻子は、知美がわざと転んでくれたのだとわかった。だって、そうでもなければ、本当に必死で走っていて転んだのなら、ひざくらいすりむくに決まっている。けが一つしていないってことは、ちゃんとわかっていて転んだのだ。

知美が、麻子の肩《かた》をだいた。

「だいじょうぶ。もうお昼ね。いっしょに食べようよ。」

麻子が、走ったあとよく貧血《ひんけつ》を起こすので、心配しているのだ。

「うん。」

と、麻子はうなずいた。

「うん。」

二度言った。感謝の思いを表したのだ。

（平成14年度版　光村図書1年32〜34ページ　赤川次郎「親友」・『ト短調の子守歌』より）　〔　〕部分要約

ア　知美《ともみ》の行動に対する麻子《あさこ》の疑問。
イ　麻子を救った知美の頭の良さ。
ウ　知美の思いやりに対する麻子の感謝。

□

## 2 次の文章を読んで、あとの問いに答えなさい。

①

〔車大工《くるまだいく》の親方は、弟子《でし》の三吉《さんきち》に向かって話した。〕

「あの侍《さむらい》の目は、死ぬ間際《まぎわ》やちゅうのに、憎《にく》しみでいっぱいやった。侍たちは、やたらと殺しおうてばかりや。国のためやとか言うてるけど、殺し合いの中から、いったい何を作り出すというんじゃ。」

親方は、三吉が作った矢を握《にぎ》ってぐいと引いた。びくともしない。

「ええ仕上がりや。この車は何年持つと思う？」

三吉は、やっと口を開いた。

「二、三十年やろか。」

「あほう、百年や。」

「百年も！」

「わしらより長生きするんや。侍たちは、何にも残さんと死んでいくけど、わしらは車を残す。この車は、これから百年もの間、ずっと使われ続けるんや。」

〔　〕部分要約

（平成28年度版　東京書籍1年48ページ　吉橋通夫「さんちき」・『さんちき』より）

・次の□にあてはまる言葉を文章中から書き抜《ぬ》いて、親方の考えについてまとめなさい。（各10点×3＝30点）

侍《さむらい》たちは □□□□ ばかりで何も残さないが、車大工《くるまだいく》は □□ も使われ続ける □ を残すことができる。

②

あまりにも貧し過ぎる家では、生まれた赤ん坊《ぼう》を殺してしまうことがあるし、不作などで食う物がなくなると、小さくて弱い子供を捨ててしまったりする。

それを間引きと言う。

あの男は、そんな子供たちを助けていたというのだ。

文吉《ぶんきち》は、伝蔵《でんぞう》と呼ばれたその男を改めて見た。

伝蔵は、相変わらずうむと口を結んで、眉《まゆ》をつり上げ、かっと目を開いて何かをにらんでいる。

文吉は、今初めて分かった。

あの恐《おそ》ろしい顔は、相手を脅《おど》すためではない。

この世の、どうしても許しておけないことを、怒《いか》りを込《こ》めてにらみつけているのだ。

子を間引く親だけでなく、それを許している世の中の人、みんなをにらみつけているのだ。

（平成28年度版　学校図書1年132・133ページ　吉橋通夫「ぬすびと面」・『新・文学の本だな』より）

・――線部とありますが、文吉《ぶんきち》は何が「分かった」のですか。次の□にあてはまる言葉を文章中から書き抜きなさい。（各10点×3＝30点）

伝蔵《でんぞう》は、この世の □□□□□□□ ことを、怒《いか》りを込《こ》めて □□□□□□ いるから □□□□□ をしているのだということ。

# 5　主題をとらえる

## 基本問題②

得点　／100点

学習日　／　日

**1** 次の文章を読んで、下の問いに答えなさい。

〔二十年前に親友であるジミーと交《か》わした再会の約束を果たすため、ボブは西部からニューヨークへとやってきた。〕

「だが時には、二十年たつと、善人が悪人に変わるよな。」と背の高い男が言った。「お前は十分前に逮捕《たいほ》されたんだ、おい、〈お世辞屋〉のボブ。シカゴから電報が来たんだ。お前がこっちに立ち寄ってるかもしれんが、お前にはちと用があるってね。おとなしく来るかね？　その方が身のためだ。ところで、署に行く前に渡《わた》してくれと頼《たの》まれた手紙がある。この窓の所で読んだらいい。パトロール係のウェルズ巡査《じゅんさ》からのだ。」

西部から来た男は渡された小さな紙切れを開いた。読み始めた時はしっかりしていたが、読み終わった時は手が震《ふる》えていた。手紙はわりに短かった。

ボブ

俺《おれ》は時間どおりに約束の場所に着いた。だがお前が葉巻《はまき》に火をつけようとしてマッチを擦《す》った時、シカゴから手配されている男の顔を見たんだ。どういうものか、俺には手が下せなかった。だからひと回りして、私服刑事《けいじ》に頼むことにした。

ジミーより

（平成28年度版　学校図書1年140・141ページ　オー＝ヘンリー／大津栄一郎訳「二十年後」・『オー＝ヘンリー傑作選』より）　〔　〕部分要約

---

(1) ▒部のジミーからボブへの手紙から何がわかりますか。次の□にあてはまる言葉を文章中から書き抜《ぬ》きなさい。（各5点×3＝15点）

〔ウェルズ巡査《じゅんさ》（ジミー）は、親友の□□に会うために二十年前の□□□□□に行った。そしてボブが□□されている男だと気づいたが、自分では手が下せずにその場を立ち去った。〕

(2) ——線「背の高い男」について、次の各問いに答えなさい。

① 背の高い男は何者ですか。文章中から四字で書き抜きなさい。（10点）

□□□□

② 背の高い男によってボブはどうなりましたか。文章中から五字で書き抜きなさい。（10点）

□□□□□

(3) この文章ではどんなことが中心に描《えが》かれていますか。適切なものを次から選び、記号で答えなさい。（15点）

ア　二十年の年月は人も友情も変えてしまうこと。

イ　時の流れは人を変えるが友情は変わらなかったこと。

□

## 2 次の文章を読んで、下の問いに答えなさい。

岳《がく》はまたしばらく黙《だま》り込《こ》み、それからしゃべりながら、自分の言うことを、一つずつ確かめていく、というような感じで、

「別におとうにやられるから嫌《いや》だというわけではなくて、こうやって、突然《とつぜん》おとうの気まぐれで、勝手に風呂場《ふろば》に連れてこられて、それで、好きなように、おとうの好きなように、どんどん、刈《か》られていく、っていうのが、①僕《ぼく》は嫌なんだ……。」

と、言った。

（中略）それにしても岳の言っていることはなかなかに説得力があった。

「そうか……。」

と、私は言った。しかしだからどうすべきなのか、ということはその時点ではよく分からなかった。

「じゃあ、どうしたらいいんだ……?」

と、私はその次に言った。②岳は何も答えなかった。

「今度からは床屋《とこや》に行って床屋に刈ってもらうようにするか?」

と、私は言った。

「お前の好きなようにさ、お前の行きたい時に行って……。」

「うん。」

と、岳は私に背中を向けたままかすかに聞こえるような声で言った。

（平成28年度版　学校図書1年9・10ページ　椎名誠「風呂場の散髪―続岳物語」・『続岳物語』より）

(1) ――線①とありますが、岳《がく》は何が嫌《いや》だと言っていますか。次の□にあてはまる言葉を文章中から書き抜《ぬ》きなさい。（各5点×2＝10点）

おとうの□□□□□で風呂場《ふろば》に連れてこられて、おとうの□□□□□□□に髪《かみ》を刈《か》られてしまうこと。

(2) ――線①の岳の言葉に対して、父親の「私」はどんな態度をとっていますか。最も適切なものを次から一つ選び、記号で答えなさい。（10点）

ア 岳の言っていることがわからずに無言でいる。
イ 納得《なっとく》できずに腹を立て、岳をどなりつけている。
ウ 説得力を感じ岳の主張を受け入れようとしている。

□

(3) ――線②「岳は何も答えなかった」とありますが、岳はどうしたいと思っていると考えられますか。最も適切なものを次から一つ選び、記号で答えなさい。（15点）

ア 父親以外の人と交流を深めていきたい。
イ 自分の判断で自主的に行動したい。
ウ 常に父親の助言を得て行動したい。

□

(4) 筆者はこの文章で、岳のどのような姿を描《えが》こうとしているのですか。最も適切なものを次から一つ選び、記号で答えなさい。（15点）

ア 父親と心が通わずに苦悩《くのう》する姿。
イ 少年から大人へと自立していく姿。
ウ 父親に反発し反抗《はんこう》を繰《く》り返す姿。

□

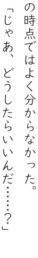

# 5 主題をとらえる

## 標準問題

得点　／100点

学習日　／　日

**1** 次の文章を読んで、下の問いに答えなさい。

［義足の友達あーちゃんが投げた石で、僕《ぼく》は目に傷を負った。］
目はずきずきと痛かったが、①そのことは親にはないしょにしておけよと弟にくぎを刺《さ》した。石投げという危ない遊びをしていたことを両親にとがめられたくなかったこともあったが、もしもそれがあーちゃんが投げた石のせいだと知ったとき僕の両親や他の子供たちの母親がとるだろう態度が気になったからでもあった。しかし、痛みは引くどころかますますひどくなり、子供部屋でうなっている僕を心配した弟が親にばらしてしまうのだ。僕はすぐに病院へ運ばれ治療《ちりょう》を受けた。（中略）

そしてそれからしばらくの間僕は眼帯を着けて過ごすことになった。しかし、あーちゃんときたら僕の眼帯姿には一言も触《ふ》れず、またいつものように遊びに参加してきたのである。②まるで自分がやったのではないと言わんばかりの態度であった。弟が何か言おうとしてあーちゃんに詰《つ》め寄《よ》ったが、なぜだか分からないが気がつくと僕はそれを制していたのである。片方の目が塞《ふさ》がれたことで、僕には違《ちが》う何かが見え始めていたのだ。そして僕たちは何もなかったかのようにまた日暮れまで遊ぶのだった。

［　］部分要約

（平成28年度版　東京書籍一年274ページ　辻仁成「そこに僕はいた」・『そこに僕はいた』より）

(1) ——線①とありますが、「僕《ぼく》」はなぜ親にはないしょにしておくように言ったのですか。最も大きいと考えられる理由を次から一つ選び、記号で答えなさい。（10点）

ア 石投げという危ない遊びをしていたことを、両親にとがめられてしまうことを恐《おそ》れたから。

イ 原因があーちゃんの投げた石だとわかったとき、親たちがどんな態度をとるか不安だったから。

ウ 目のけがはしばらくすると治るので、両親によけいな心配をかけたくなかったから。

□

(2) ——線②のあーちゃんの態度に対して、「僕」はどうしましたか。適切なものを次から一つ選び、記号で答えなさい。（10点）

ア 怒《おこ》ってあーちゃんと一言も口をきかなかった。

イ あーちゃんに詰《つ》め寄《よ》ろうとする弟を止めた。

□

(3) この文章ではどんなことが中心に描《えが》かれていますか。次の□にあてはまる言葉を文章中から書き抜《ぬ》きなさい。（各10点×3＝30点）

□□□□が塞《ふさ》がれる体験をすることで、「□」が□□□□□の気持ちを少しわかるようになっていったこと。

## 2 次の文章を読んで、下の問いに答えなさい。

やはりあーちゃんといっしょに遊ぶことは気が重かったのだが、①月日が流れるうちにそれは苦痛ではなくなっていた。彼《かれ》の義足の金具の音も気にならなくなっていたのである。あーちゃんが僕《ぼく》らの仲間になってどれくらいの時間がたった頃《ころ》だろう。僕たちは近くのたんぼにかえるを捕《と》りに行ったのだ。たんぼは通過した台風のせいでぬかるんでいた。ちょっとしたくぼみがあって、あーちゃんはそこに足を取られたのである。②泥《どろ》の深みにはまって抜《ぬ》け出せず悪戦苦闘《くとう》しているあーちゃんに、僕は本当に自然に手を差し出していたのだ。彼がハンディを背負っている人だという意識などみじんもなかった。僕の手は彼の前にごく自然に差し出されていたのである。

するとふ思議なことにあーちゃんの手が僕の手を握《にぎ》ってきたのだ。僕は力まかせに彼の体を引きずり上げるのだった。

「③ありがとう。」

あーちゃんがそう言ったので、僕はただ照れるしかなかったが、あーちゃんのそんな言葉を聞くのは初めてのことでとてもうれしかったのである。

（平成28年度版　東京書籍1年274・275ページ　辻仁成「そこに僕はいた」・『そこに僕はいた』より）

---

(1) ――線①「月日が……である」は「僕《ぼく》」のどんな様子を表していますか。最も適切なものを次から一つ選び、記号で答えなさい。（10点）

ア　あーちゃんを特別視している様子。
イ　あーちゃんを自然に受け入れている様子。
ウ　あーちゃんとは遊ばなくなっている様子。

□

(2) ――線②とありますが、あーちゃんが泥《どろ》の深みにはまったとき「僕」とあーちゃんはどんな行動をとりましたか。次の□にあてはまる言葉を文章中から書き抜《ぬ》きなさい。（各5点×3＝15点）

「僕」が□□に差し出した□をあーちゃんも握《にぎ》り返し、「僕」は力まかせに□□□を引きずり上げた。

(3) ――線③「ありがとう」と言ったときのあーちゃんの様子として最も適切なものを次から一つ選び、記号で答えなさい。（10点）

ア　「僕」が当たり前にした行動を素直《すなお》に感謝している様子。
イ　「僕」の突然《とつぜん》の手助けにひどくとまどっている様子。
ウ　「僕」に同情してもらったことに感激している様子。

□

(4) この文章にはどんなことが描《えが》かれていますか。最も適切なものを次から一つ選び、記号で答えなさい。（15点）

ア　ハンディを背負って生きていくことの大変さ。
イ　ハンディを持つ人をいたわることの大切さ。
ウ　互《たが》いに少しずつ心を通わせていく二人の少年の姿。

□

# たしかめよう

## 完成問題①

得点
／100点

学習日
月　日

▼次の文章を読んで、下の問いに答えなさい。

〔良平《りょうへい》は、二人の若い土工《どこう》に頼《たの》んで、いっしょにトロッコを押《お》させてもらった。そして、三人は、出発点からずいぶん離《はな》れたところまでやってきていた。〕

三人はまたトロッコへ乗った。車は海を右にしながら、雑木の枝の下を走っていった。しかし良平は①さっきのように、おもしろい気持ちにはなれなかった。「もう帰ってくれればいい。」——彼《かれ》はそうも念じてみた。が、行くところまで行き着かなければ、トロッコも彼らも帰れないことは、もちろん彼にも分かりきっていた。

その次に車の止まったのは、切り崩《くず》した山を背負っている、わら屋根の茶店の前だった。二人の土工はその店へ入ると、乳《ち》飲《の》み子《ご》をおぶったかみさんを相手に、悠々《ゆうゆう》と茶などを飲み始めた。良平はひとり［A］しながら、トロッコの周りを回ってみた。トロッコには頑丈《がんじょう》な車台の板に、跳《は》ね返った泥《どろ》が乾《かわ》いていた。

しばらくののち茶店を出てきしなに、巻きたばこを耳に挟《はさ》んだ男は、（そのときはもう挟んでいなかったが）トロッコのそばにいる良平に新聞紙に包んだ駄菓子《だがし》をくれた。②良平は冷淡《れいたん》に「ありがとう。」と言った。が、すぐに冷淡にしては、相手にすまないと思い直した。彼はその冷淡さを取《と》り繕《つくろ》うように、包み菓子の一つを口へ入れた。菓子には新聞紙にあったらしい、

(1) ——線①とありますが、良平《りょうへい》がおもしろい気持ちになれなかったのはなぜですか。最も適切なものを次から一つ選び、記号で答えなさい。（10点）

ア トロッコに乗るのにもあきてきたから。
イ 景色が海ばかりでつまらないから。
ウ そろそろ帰りたくなってきたから。

［　］

(2) ［A］・［B］にあてはまる言葉をそれぞれ次から一つずつ選び、記号で答えなさい。（各10点×2＝20点）

ア びくびく　イ うんうん
ウ いらいら　エ にこにこ
オ もじもじ

A［　］　B［　］

(3) ——線②とありますが、冷淡《れいたん》にしたときの良平はどんな気持ちだったのですか。最も適切なものを次から一つ選び、記号で答えなさい。（15点）

ア 自分たちばかり茶店に入ってお茶を飲む土工たちをうらやましく思う気持ち。
イ 早く行く所まで行き着いて帰りたいのに茶店でゆっくりする土工たちに腹を立てる気持ち。
ウ 石油のにおいのついた新聞紙に包まれてしまった駄菓子《だがし》を残念に思う気持ち。

［　］

石油の臭《にお》いが染《し》み付いていた。

三人はトロッコを押しながら緩《ゆる》い傾斜《けいしゃ》を登っていった。良平は車に手を掛《か》けていても、心はほかのことを考えていた。

その坂を向こうへ下りきると、また同じような茶店があった。土工たちがその中へ入った後、良平はトロッコに腰《こし》をかけながら、帰ることばかり気にしていた。茶店の前には花の咲《さ》いた梅に、③西日の光が消えかかっている。「もう日が暮れる。」――彼はそう考えると、ぼんやり腰かけてもいられなかった。トロッコの車輪を蹴《け》ってみたり、一人では動かないのを承知しながら　B　それを押してみたり、――そんなことに気持ちを紛《まぎ》らせていた。

ところが土工たちは出てくると、車の上の枕木《まくらぎ》に手を掛けながら、無造作に彼にこう言った。

「われはもう帰んな。俺《おれ》たちは今日は向こう泊《ど》まりだから。」

「あんまり帰りが遅《おそ》くなるとわれのうちでも心配するずら。」

良平は一瞬間《いっしゅん》④あっけにとられた。もうかれこれ暗くなること、去年の暮れ母と岩村《いわむら》まで来たが、今日の道はその三、四倍あること、それを今からたった一人、歩いて帰らなければならないこと、――⑤そういうことが一時に分かったのである。良平はほとんど泣きそうになった。が、泣いてもしかたがないと思った。泣いている場合ではないとも思った。彼は若い二人の土工に、取って付けたようなお辞儀《じぎ》をすると、どんどん線路伝いに走りだした。

〔　〕部分要約

（平成28年度版　東京書籍1年217・218ページ　芥川龍之介「トロッコ」・『芥川龍之介全集』より）

**(4)** ――線③「西日の光が消えかかっている」とはどんな様子を表していますか。□にあてはまる言葉を文章中から書き抜きなさい。（12点）

〔□□□□□　様子〕

**(5)** ――線④とありますが、良平があっけにとられたのはなぜですか。適切なものを次から一つ選び、記号で答えなさい。（15点）

ア　帰らなくてはならないことをとうとう言われてしまったから。
イ　土工たちといっしょに帰ると思っていたのにちがったから。
ウ　母が心配していることを土工たちが知っていたから。

□

**(6)** ――線⑤「そういうこと」とはどんなことですか。次の□にあてはまる言葉を文章中から書き抜きなさい。（各7点×4＝28点）

〔もうすぐ□□なるのに、今から家までの遠い□を□□□□□で□□□□帰らなければならないということ。〕

## 書いてみよう

この文章中からわかる良平の性格について、土工に対する態度や帰り始める時の様子などを参考に、六十字程度で書いてみよう。

# たしかめよう

## 完成問題②

得点
／100点

学習日
／
日

▼次の文章を読んで、下の問いに答えなさい。

「街の学校」に通うため谷本《たにもと》さんの家に預けられた「僕《ぼく》」は、よその家ということで遠慮《えんりょ》をしてご飯を少ししか食べなかったため、いつもひどく空腹だった。ある夜、我慢《がまん》できなくなり、八時ごろ谷本さんの家を出て自分の家に向かった。

家の中は真っ暗だ。戸を小さくたたくと、トモコ姉さんが起きてきて戸を開けてくれた。

——どうしたの、こんな時間に。

トモコ姉さんが［A］できいた。今何時、と僕はきいた。もうすぐ十二時になるということだった。

家の中へ入ろうとすると茶の間の戸が開き、母ちゃんが顔を出した。＊丹前《たんぜん》を着ている。

——どした。

母ちゃんの声はとがっていた。

——腹へった。

僕はしゃがみこみそうになって言った。

——何？　腹へった？

母ちゃんが［B］で言った。それから［C］でトモコ姉さんに寝《ね》るように言った。母ちゃんが僕をにらむ。

——①玄関《げんかん》からは入るな、裏口へ回れ。

母ちゃんの声は怒《おこ》っていた。僕は玄関を出て戸を閉めると、家の裏へ回って台所の出入り口から入った。そこの＊上がりがま

(1) ［A］～［C］にあてはまる言葉をそれぞれ一つずつ選び、記号で答えなさい。（同じ記号は二度選べません。）（各6点×3＝18点）

ア　低い声
イ　ささやき声
ウ　かん高い声

A［　　］　B［　　］　C［　　］

(2) ——線①「玄関《げんかん》からは入るな、裏口へ回れ」とありますが、「母ちゃん」がこのように言った理由として最も適切なものを次から選び、記号で答えなさい。（15点）

ア　玄関から入ると大きな音がして、家族を起こしてしまうから。
イ　「僕《ぼく》」が帰ってきた理由を聞いて、情けなく思ったから。
ウ　家族に内緒《ないしょ》で「僕」に食べ物を食べさせたかったから。

［　　］

(3) ——線②「腹へったぐらいで帰ってくるばかがあるか」とありますが、「母ちゃん」は「僕」のどんなところを怒《おこ》っているのですか。次の［　］にあてはまる言葉を文章中から十字以内で書き抜《ぬ》きなさい。（15点）

人に迷惑《めいわく》をかけることを考えず、［　　　　　　　　　　］考えられないところ。

ちのところに、母ちゃんが家の中を掃《は》くほうきを持って立っていた。

僕はいきなりほうきの柄《え》のほうで腕《うで》や腰《こし》をたたかれた。

――このばかが。②腹へったぐらいで帰ってくるばかがあるか。

母ちゃんのどなり声が台所に響《ひび》いた。頭もたたかれる。③僕は両手を下げたまま、黙《だま》ってたたかれていた。手を頭に上げてほうきをよけたり逃《に》げたりはしなかった。小さい時から、ずっとそうしてきていた。

よけるのは母ちゃんに悪い気がした。

まもなく母ちゃんが、どんぶりに盛った麦飯へ味噌汁《みそしる》をかけて持ってきてくれた。台所へ入れとは言わなかった。僕は靴脱《くつぬ》ぎ場へ突《つ》っ立ったまま、その飯をかき込《こ》んだ。

うまかった。また母ちゃんがほうきを持ってわめいた。

――おまえがいなくなったことがわかったら、谷本さんのおばさんらどうすると思う？　家族中を起こして街の中を捜《さが》し回るかもしれんだろ、この夜中に。そんなこともわからんのか十四にもなって。なんで自分のことしか考えんのだ、このあほ。

太ももや尻《しり》をたたかれた。しかし母ちゃんはもう一回、どんぶりに山盛りの飯を盛ってくれた。

僕がそれを食べ終わると、すぐ帰れ、捜してくれていたときどうしたらいいかは自分で考えれ、と叫《さけ》んだ。

僕は追い出されるように外へ出た。雪がやみ、空気が冷え始めていた。襟巻《えりま》きで頰《ほお》かむりをし、街へ向かって走りだした。

〔　〕部分要約

＊丹前…防寒用の着物。
＊上がりがまち…家の上がり口の縁《ふち》にわたした横木。

（平成28年度版　教育出版1年294・295ページ　小檜山博「風少年」・『風少年』より）

**(4)** **――線③「僕は両手を……たたかれていた」とありますが、「僕」が黙《だま》ってたたかれていたのは、どんな思いからでしたか。最も適切なものを次から一つ選び、記号で答えなさい。**（20点）

**ア**　「僕」のために真剣《しんけん》に怒《おこ》っている「母ちゃん」のほうきをよけるのは、「母ちゃん」のその心を受け止めないことになる。

**イ**　「僕」が「母ちゃん」のほうきをよけると「母ちゃん」の怒《いか》りをますます増長させることになる。

**ウ**　「僕」は、人が怒っているときは逃《に》げずに我慢《がまん》をするほうがいいと、小さいころから「母ちゃん」に言われてきた。

□

**(5)** **この文章から、「僕」の「母ちゃん」はどのような母親だということがわかりますか。次から二つ選び、記号で答えなさい。**（各16点×2＝32点）

**ア**　「僕」にとても厳しい反面、母親としての優《やさ》しさも持っている。

**イ**　「僕」に道理を厳しく教えるだけでなく、自分で考え行動することを求めている。

**ウ**　「僕」を厳しくしつける反面、どこか投げやりなところがある。

**エ**　「僕」の教育を他人にまかせているが、重要な部分は自分で厳しくしつけている。

□・□

# 筆者の体験や思いを読み取る

## 基本問題①

得点　／100点

学習日　／　日

**確認**

★ 次の文章を読み、あとの□にあてはまる言葉を書き抜《ぬ》いて、筆者の体験や思いをまとめなさい。(各5点×5＝25点)

三、四年前にNASAの宇宙飛行士のAさんから話を聞く機会があった。Aさんが地球を眺《なが》めた感想はこうだった。

――まるで見えない糸でつられたガラス玉のようでした。もろくて、すぐ壊《こわ》れそうな気がしました。

この印象はひどくぼくの胸を打った。そう、地球はもろいのだ。すぐにでも死滅《しめつ》してしまうちっぽけな星くずなのだ。

(平成28年度版　三省堂1年176ページ　手塚治虫「この小さな地球の上で」・『地球大紀行1』より)

体験…筆者は一人の□□□□□の話を聞いた。

表現…地球は、「見えない□でつられた□□□□のようだ」という比喩《ひゆ》表現(直喩《ちょくゆ》)が筆者の□を打った。

筆者の思い…地球が□□□ことをしみじみ感じた。

！ 随筆《ずいひつ》では、筆者がどんな体験からどんなことを思ったり考えたりしたのかを、表現に着目してとらえましょう。

**1** 次の文章を読んで、あとの問いに答えなさい。

ジャケット写真は一面の空で、白い雲が一つ浮《う》かんでいた。それともう一つ、ジョンの顔が巨大《きょだい》な蜃気楼《しんきろう》のように浮かんでいた。悲しい目だった。これほど悲しげな目を見るのは、生まれて初めてのような気がした。私の肩越《かたご》しにジャケットをのぞき見ていた妻が、つぶやくように言った。

「この写真、なんだか遺影《いえい》みたいね……。」

(平成28年度版　学校図書1年271ページ　新井満「ストロベリー・フィールズの風に吹かれながら」・『自由訳 イマジン』より)

(1) ジャケット写真のジョンの顔を、筆者は何にたとえていますか。文章中から六字で書き抜《ぬ》きなさい。(10点)

□□□□□□

(2) 筆者はジョンの目にどんな印象を受けましたか。それがわかるひと続きの二文を探し、初めの五字を書き抜きなさい。(5点)

□□□□□

(3) 妻はジョンの写真をどのように感じましたか。文章中から二字で書き抜きなさい。(5点)

□□

## 2 次の文章を読んで、あとの問いに答えなさい。

「（略）この子はほんとうにきれいな大阪弁をしゃべるなあと思って。それが聞きたかったのよ。全然、混ざり気がないのね、あなたは。」

一瞬《いっしゅん》、□とした。自分のしゃべっているのが「大阪弁」であるということすら、意識の外である。ましてやそれが、混ざり気がなくてきれいというのは、どういうことなのか、まるでぴんとこない。が、とりあえず、なんだかうれしい。褒《ほ》められているらしいということは、分かる。そう、褒められたのだ、あのおばさんに！

（平成14年度版　東京書籍1年235ページ　俵万智「方言のクッション」・『かすみ草のおねえさん』より）

(1) 筆者は、おばさんにどんなことを言われましたか。次の□にあてはまる言葉を文章中から書き抜《ぬ》きなさい。（各5点×3＝15点）

筆者の話す□□□は、□□□□がなくて、とても□□□□であるということ。

(2) □にあてはまる言葉として最も適切なものを次から選び、記号で答えなさい。（5点）□

ア　しゅん　　イ　うっとり　　ウ　ぽかん

(3) ――線部のあと筆者のうれしさを倒置法《とうちほう》（言葉の順を普通《ふつう》と入れかえる方法）を使って表した一文を文章中から書き抜きなさい。（5点）

※句読点や符号《ふごう》も含《ふく》みます。

## 3 次の文章を読んで、あとの問いに答えなさい。

立つ春とは、どんなものなのだろう。学校への道々、考えた。人間の形をしたものでは、なかろう。空気のようなものか。でも空気は目に見えない。「立つ」と感じるからには、目に見えなくては。①本の中にある竜《りゅう》や鬼《おに》や妖怪《ようかい》に似た、この世のものではない生き物の形をしたものか。それも違《ちが》う、春はもっとやわらかでのほほんとしているから、火を吐《は》いたり金棒を振《ふ》るったりするものたちのたぐいではあるまい。②春とは、細かな生気あるものに満ちた、盛り上がるようなものだ。それならば。

（川上弘美「立ってくる春」・『あるようなないような』中央公論新社より）

(1) ――線①「本の中にある竜《りゅう》や鬼《おに》や妖怪《ようかい》」を筆者が言いかえている表現が二つあります。それぞれ文章中から二十字で探し、初めの五字を書き抜《ぬ》きなさい。（各5点×2＝10点）

・□□□□□

・□□□□□

(2) ――線②「春とは……ようなものだ」と筆者がとらえているのは、春に対するどんな見方によりますか。次の□にあてはまる言葉を文章中から書き抜きなさい。（各5点×4＝20点）

・「□□」と感じるからには□に見えるものである。

・春は□□□□で□□□□□としている。

# 筆者の体験や思いを読み取る

## 基本問題②

得点　／100点

学習日　／　日

**1** 次の文章を読んで、あとの問いに答えなさい。

それほど大きくないカンバスに一本の道が描《か》かれていた。舗《ほ》装《そう》されていないその土の道は、雑草やすすきに縁取《ふちど》られ、緩《ゆる》くカーブを描《えが》きながらまっすぐ続いていた。私の目はその道にくぎ付けになった。

夏の終わりのだだをこねるような蒸《む》し暑《あつ》さ、草いきれ、日が暮れ始める直前の寂《さび》しさ、乾《かわ》いたかすかな風に舞《ま》う土ぼこり、美術室に座《すわ》った私を、そうしたものが一瞬《いっしゅん》にして包《つつ》み込《こ》んだ。もう帰らなくてはならないのに、この緩く曲がった上り坂の向こうの景色を確かめにいきたい。そんな気持ちまで味わった。

私はその絵の中に突《つ》っ立《た》っていた。

（平成28年度版　学校図書１年218・219ページ　角田光代「まなちゃんの道」・『これからはあるくのだ』より）

(1) ――線「それほど……描《か》かれていた」とありますが、この絵を見た「私」の様子が分かる一文の最初の五字を書き抜《ぬ》きなさい。（10点）

(2) 絵を見た「私」はどのように感じましたか。次の文の□にあてはまる言葉を文章中から書き抜きなさい。（10点）

〈絵の中に□いるように感じた。〉

**2** 次の文章を読んで、あとの問いに答えなさい。

「竹ぼうきを何に使うの？」

大事そうにほうきを抱《かか》えた腕《うで》を不思議に思ったに違《ちが》いなかった……。

「空飛ぶ練習するの。」

何の屈託《くったく》もない表情で娘《むすめ》は答えた。そして、ほんの一瞬《いっしゅん》あった。金物屋のおじさんは、にこっとして、娘に言った。

「そうか、そりゃいい。うちのはよく飛ぶからなあ！」

娘の顔が突然《とつぜん》春を迎《むか》えた花のように、ぱっと大きく輝《かがや》いた。

（平成28年度版　学校図書１年114・115ページ　あわやのぶこ「空飛ぶ魔法のほうき」・『最高の贈り物』より）

(1) ――線「うちのはよく飛ぶからなあ！」という言葉から、金物屋のおじさんについてどんなことがわかりますか。最も適切なものを次から選び、記号で答えなさい。（15点）

ア　娘《むすめ》の言葉を軽くあしらっていること。

イ　娘の言葉をきちんと受け止めてくれたこと。

ウ　娘の言葉への対応に困っていること。

(2) ――線と言われた娘の表情を、何にたとえていますか。文章中から六字で書き抜《ぬ》きなさい。（15点）

## 3 次の文章を読んで、下の問いに答えなさい。

〔留学生に日本語を教えている筆者は、教え子たちとスキー旅行に出かけた。〕

横浜《よこはま》を出発したのが夕方の五時。バスは快調に高速道路を走り、山形県の蔵王《ざおう》温泉に着いたのは真夜中だった。①夜目にも白い一面の雪景色。降るような星空。寒気がほおを突《つ》き刺《さ》す。

わたしたちの今夜の宿は、大きなホテルの隣《となり》の小さな民宿だ。

「宿の主《あるじ》でございます。みなさんをお待ちしておりました。どうぞ。」

時計はもう十二時を回ろうとしている。親切な宿の方々はわたしたちのためにこたつを暖め、夜食まで用意しておいてくださった。

オーストラリアからの留学生トニーが、

「このホテルの人は親切ですね。オーストラリアだったら、キーをくれるだけですよ。」

と感心する。

それを聞いて、宿の主殿《どの》は、

「お客さん、ここはホテルなどではございません。ちっぽけな宿屋でございます。」

と、②控《ひか》えめにおっしゃる。

「えっ、宿屋。旅館ではないのですか。宿屋と旅館はどう違《ちが》いますか。」

と、カトリーヌさん。

「旅館というのは、もうちょっと構えが立派というか……。ホテルは、隣に建っているような、ベッドに寝《ね》る様式のもので……。」

と、③宿の主殿の説明も心もとない。

（平成14年度版　光村図書1年210・211ページ　佐々木瑞枝「雪やこんこ、あられやこんこ」より）　〔　〕部分要約

(1) この文章では、筆者が誰《だれ》とどこへ行き、何をしたことが書かれていますか。次の□にあてはまる言葉を文章中から書き抜《ぬ》きなさい。（各5点×2＝10点）

外国からの［　　　］と山形県の［　　　］へスキーに行き、小さな民宿に泊まったこと。

(2) ――線①「夜目にも……突《つ》き刺《さ》す」とありますが、ここで用いられていない表現技法を次から一つ選び、記号で答えなさい。（10点）

ア　体言止《たいげんど》め（文を体言（名詞）で終わらせる。）
イ　倒置法《とうちほう》（言葉の順序を普通《ふつう》と反対にする。）
ウ　直喩法《ちょくゆほう》（「〜のような」などを使ってたとえる。）

［　］

(3) ――線②「控《ひか》えめに」とありますが、これは「宿の主《あるじ》」のどの言葉に対して筆者が感じたことですか。その言葉を文章中から七字で書き抜きなさい。（15点）

［　　　　　　　］

(4) ――線③「宿の主殿の……心もとない」とありますが、留学生たちが知りたいのは、どんなことだと思われますか。次の□にあてはまる言葉を文章中から書き抜きなさい。（各5点×3＝15点）

日本語において、宿屋と［　　］と［　　　］は、どのような［　　］があるかということ。

# 筆者の体験や思いを読み取る

## 標準問題

得点　／100点

学習日　／　日

**1** 次の文章を読んで、下の問いに答えなさい。

「まっちゃんの、その『なあも、なあも』①っていうの、なんかしらんけど、ええ感じやなあ。福井弁？」

「なあも、なあも」というのは、「いえいえちっともかまわないんですよ。何も何もお気になさらないで。」といったニュアンスの、相手をいたわるかけ声のようなものである。言われてみるとなるほど、優《やさ》しい響《ひび》きを持つ言葉だ。

福井弁の典型的な例として「べとにばいちくさす」というのがよくあげられる。（べとは泥《どろ》、ばいは棒、ちくさすは突《つ》き刺《さ》す。）そういう単語の違《ちが》いもおもしろいが、「なあも、なあも」のような会話のクッションになるような言葉に、方言のよさは表れるような気がする。

②「おっけ」というのも、私の好きな福井弁の一つだ。「おくれ」がなまったものだと思うが、何かを頼《たの》むときに下にくっつける。

「この本貸しておっけ。」（貸してちょうだい。）

「代わりに行っとっけるか？」（代わりに行ってくれますか。）

のんびりした、あいきょうのある言葉で、実にものを頼みやすい。言われたほうも、ついつい引き受けてしまうような、和《なご》やかな感じを会話に与《あた》えてくれる。

（平成14年度版　東京書籍1年237ページ　俵万智「方言のクッション」・『かすみ草のおねえさん』より）

---

(1) ――線①「なあも、なあも」は標準語では何と言いますか。文章中から四字で書き抜《ぬ》きなさい。（10点）

□□□□

(2) ――線①「なあも、なあも」は、会話において、どのようなものだと筆者は言っていますか。文章中から十字で書き抜きなさい。（10点）

［□□□□□□□□□□］のようなもの。

(3) ――線②「『おっけ』というのも……一つだ」とありますが、筆者は、「おっけ」という言葉のよさは、どんなところにあると言っていますか。□にあてはまる言葉を文章中から書き抜きなさい。（各10点×2＝20点）

ものを［□□□□］くし、会話に［□□□□□］を与《あた》えてくれるところ。

(4) 筆者は、方言の中のどのような言葉に注目していますか。適切なものを次から選び、記号で答えなさい。（10点）

ア　敬語の意味合いを自然に表す響《ひび》きの優《やさ》しい言葉。

イ　地域の特色を表すのんびりしたあいきょうのある言葉。

ウ　会話の途中に時々はさまれて人間関係を和《やわ》らげてくれる言葉。

□

## 2 次の文章を読んで、下の問いに答えなさい。

私は、国際宇宙ステーションの「きぼう」を利用して、子供たちに宇宙への関心をもってもらう取り組みをしています。女《おな》川《がわ》の中学生たちも、以前からその仲間として活動していました。震災《しんさい》後、女川をおとずれた私の前には、①深い悲しみの中にいる中学生たちの姿がありました。しかし、同じ思いをしている周りの大人や友達の中では、その心を表現するのにためらいを感じていたのです。私は、「地球人の一人として、遠い世界や宇宙に向けて、今の心を解き放してみては。」と呼びかけてみました。すると、中学生たちは、それまで心の中に閉じ込《こ》めていた思いを、次々につむぎ出していったのです。

夢だけは　壊《こわ》せなかった　大震災
逢《あ》いたくて　でも会えなくて　逢いたくて
みあげれば　がれきの上に　こいのぼり
戻《もど》ってこい　秋刀魚《さんま》の背中に　のってこい

心がこもった言葉には、人を動かす不思議な力があります。女川の中学生の言葉は、新聞報道などを通じて、日本の中学生や小学生、高校生、大学生の心を動かし、②連句のように七・七の句が女川の中学生のもとに届けられました。

（平成28年度版　光村図書出版1年73・74ページ　山中勉「空を見上げて」より）

---

(1) ――線①「深い悲しみの中にいる中学生たち」は、どのように感じていましたか。□にあてはまる言葉を文章中から書き抜《ぬ》きなさい。（各5点×3＝15点）

同じように悲しんでいる人たちの中で、悲しみの□を□□するのに□□□□を感じていた。

(2) 「私」は、女川の中学生たちに、どんなことをするように呼びかけましたか。□にあてはまる言葉を文章中から書き抜きなさい。（各5点×3＝15点）

□□□の一人として、遠い世界や□□に向けて、今の心を□□□□□みること。

(3) 「私」の呼びかけに、中学生たちはどうしましたか。最も適切なものを次から一つ選び、記号で答えなさい。（10点）

ア 閉《と》じ込《こ》めていた思いを、手紙に書いた。
イ 自分の思いを、五・七・五で表現した。
ウ 気持ちを友達と語り合い、共有した。

□

(4) ――線②「連句のように……届けられました」とありますが、筆者はこの理由をなぜだと考えていますか。（各5点×2＝10点）

□□□□□□言葉が人の□を動かしたから。

# たしかめよう

## 完成問題①

得点　／100点

学習日　／　日

▼次の文章を読んで、下の問いに答えなさい。

①人間って、全くもってすばらしい生き物だ！

と、つくづく思ったのは、南米ペルーのナスカ高原にある、例の有名な巨大《きょだい》地上絵を、まのあたりに見たときだった。

今から三千年前のプレ-インカ時代に、ナスカ高原に何者かが大きな絵をいくつも描《えが》いた。クモとか鳥とかサルとか魚とかの、これらの絵は、大きさ数百メートルから数キロに及《およ》び、観察者は誰《だれ》しも超《ちょう》古代の謎《なぞ》にぶつかってショックを受ける、ということはご承知のとおりである。

ぼくも、セスナ機の上から、そこを見下ろして、さらに打ちのめされた。地上絵よりも、もっと目をみはるものを見たからである。

巨大な地上絵ならイギリスとかアメリカにもある。しかし、ぼくが驚《おどろ》いたのは、そんな絵の何百倍、何千倍もの数の②地上に引かれた幾何学《きかがく》的な線条だったのだ。

まさに巨人が定規を使って、落書きしたような線だった。むぞうさで乱雑で、古いものは消えかかっていた。だが、太いものはまさに空港の滑走路《かっそうろ》のごとく、長いものは山を二つも三つも越《こ》えてさらに延びていた。どんな道具を使って、どんな方法でやれば、あんなばかでっかい直線が引けるのか。なんのためにかいたのか。とにかく、あの技術は……③三千年昔と現代とど

(1) ――線①「人間って、……見たときだった」とありますが、この文章には、これと相反する内容のもう一つの体験が書かれています。どんな時、どう思ったのですか。それがわかる一文を文章中から探し、初めの五字を書き抜《ぬ》きなさい。（読点も含《ふく》む）　(16点)

| | | | | |
|---|---|---|---|---|
| | | | | |

(2) ――線②「地上に引かれた幾何学《きかがく》的な線条」を、何にたとえていますか。文章中から二つ書き抜きなさい。　(各10点×2＝20点)

・巨人《きょじん》が定規を使って、［　　　　］

・［　　　　］

(3) ――線③「三千年昔と現代とどのくらいのレベルの差があるというのだろうか」という問いに対する筆者の答えは次のうちのどれですか。最も適切なものを次から選び、記号で答えなさい。　(16点)

ア　非常に差がある。

イ　よくわからない。

ウ　ほとんど差がない。

［　　］

のくらいのレベルの差があるというのだろうか。人間は……最初から偉大《いだい》で驚異的《きょういてき》な賢《かしこ》さをもっていたのだ。

しかし、人間は、一方で、限りなく愚《おろ》かしく悲しむべき存在なのだ……としみじみ思ったのは、イースター島という絶海の孤島《ことう》へ行ったときのことである。

この島は、日本から世界中でいちばん遠くにある、つまり地球の真裏に当たる島で、千体もの石の巨人像がにょきにょき立っている。これをつくったのは、この島へ漂着《ひょうちゃく》して住みついたポリネシア人だといわれている。

島は火山岩だらけで作物もろくにできない。獣《けもの》もいないから猟《りょう》もできない。僅《わず》かな魚と鳥。しかもこの島は、海流のぐあいで、一種のブラックホールになっていて、島からは小舟《こぶね》では外へ抜《ぬ》け出せないのである。

そして何百年かの間に島民は、食糧《しょくりょう》不足と、その結果としての殺し合い、そのうえ、疫病《えきびょう》まではやって、大部分が死んでしまったのだ。

④ぼくは石像の立つ丘《おか》に座《すわ》り込《こ》んで島の両側の海を眺《なが》め、動くものもない寂寞《せきばく》としたたたずまいの中で、ふと、地球の未来を感じた。

もしかして、⑤この島は地球と人間の未来の姿のパロディじゃないかな、と思った。

この狭《せま》い地球の上に増え続ける人間。自然破壊《はかい》と食糧危機、そして殺戮《さつりく》——自滅《じめつ》にいたる人類史を、暗示しているんじゃないか、と思い、深く、無常を覚えた。

（平成28年度版　三省堂1年174～176ページ　手塚治虫「この小さな地球の上で」・『地球大紀行　1』より）

**(4)** **——線④「ぼくは石像の立つ……地球の未来を感じた」とありますが、このときに筆者はどんな思いにいたったのですか。それを簡潔に表した言葉を、文章中から二字で書き抜きなさい。**（16点）

**(5)** **——線⑤「この島は地球と人間の未来の姿のパロディじゃないか」とは、どんな意味ですか。適切なものを次から選び、記号で答えなさい。**（16点）

**ア** 地球上の人類が自滅《じめつ》してしまう過程を、この島の歴史が表しているのではないだろうか。

**イ** 自滅してしまったこの島の歴史は、地球上の人類の未来と正反対の姿なのではないだろうか。

**ウ** 地球上の人類の進むべき道を、この島の歴史が暗示しているのではないだろうか。

**(6)** **この文章における筆者の思いとして最も適切なものを次から選び、記号で答えなさい。**（16点）

**ア** 愚《おろ》かな生き物である反面、すばらしく賢《かしこ》い生き物である人間を思って、地球の未来に大きな希望をもっている。

**イ** すばらしい生き物である反面、愚かな存在でもある人間の姿を見て、地球の未来に不安を感じている。

**ウ** すばらしさと愚かさという相反する面を持っている人間に、興味を覚えている。

# たしかめよう

## 完成問題②



次の文章を読んで、下の問いに答えなさい。

就職して一、二年たった頃《ころ》だろうか、私は日本自然保護協会主催《しゅさい》の、自然観察指導員の養成講習会に参加し、初めて目隠《めかく》しトレールなど、視力以外の感覚を使ったネイチャーーゲームを体験した。

この時、①おもしろいと思ったことがある。

目隠しをされ、歩くのさえおぼつかなくなった*晴眼者《せいがんしゃ》たちが、「樹木を触《さわ》ってみましょう。」などと言われても、ほとんど特徴《とくちょう》をつかめなかったのだ。それどころか、周りの音に耳を澄《す》ませても、自分が高い所にいるのか、低い所にいるのかの判断さえつかなくなってしまった。突然《とつぜん》目隠ししておいて、触れとか、聞けとか言われても無理だと思う反面、②盲学校《もうがっこう》で習った全ての基本的な触知《しょくち》の方法や聴覚《ちょうかく》訓練が、どれだけ私の世界を安定させているかを実感する思いだった。

少し詳《くわ》しく書いてみると、例えば周囲の音を聞いて自分がどんな地点にいるかを聞くには、まずしゃがんで、できるだけ低い姿勢をとりながら耳を澄ます。都会では必要ない行為《こうい》だが、山の中ではとても役に立つ。特に鳥の声を聞き分けたり森の様子を知る時は、しゃがまなければ情報量が半分くらいに減ってしまうのではないだろうか。

それから植物を観察する時は、まず根を確かめ、そこから両

(1) この文章では、筆者が何を体験したときのことが書かれていますか。次の□にあてはまる言葉を文章中から書き抜《ぬ》きなさい。（10点）

就職して一、二年たった頃《ころ》に、□□□□□□□を使ったネイチャーーゲームを体験したときのこと。

(2) 筆者が、目隠《めかく》しをされた晴眼者《せいがんしゃ》について、――線①「おもしろいと思った」のはどんなことですか。適切なものを次から二つ選び、記号で答えなさい。（各10点×2＝20点）

ア 歩くことすらたいへんになってしまったこと。
イ 周りの音に耳を澄《す》ませても、自分のいる地点の判断ができなくなってしまったこと。
ウ 周りの音がよく聞こえなくなってしまったこと。
エ 樹木を触《さわ》っても、特徴《とくちょう》がつかめなかったこと。

□・□

(3) ――線②「盲学校《もうがっこう》で習った……聴覚《ちょうかく》訓練」とありますが、具体的にはどんなことを習ったのですか。次の□にあてはまる言葉を文章中から書き抜きなさい。（各10点×3＝30点）

手で上方にたどると、枝の分かれ方や葉の状況《じょうきょう》が体系的に分かる。しかもこの方法を使うと、かなりの大樹でも一部を触るだけで全体像の見当がつくのだ。

③目が見えない以上、事物を理解するには直接触《ふ》れたり、顔を近づけて匂《にお》いや味を感じて学ぶしかない。抽象的《ちゅうしょうてき》な現象でも、実験や体験を通して理解することが多くなる。歴史や地理なら、地図や分布図が擦《す》り切れるほど探《さぐ》って記憶《きおく》することになる。だから、学習には晴眼者の何倍も時間がかかるし、決して能率的とは言えない。でもその分、一つ一つの知識の印象は強く、一《いっ》生涯《しょうがい》忘れ得ないものとして体に染《し》みつくのだと思う。

そして私の場合、小さい頃には単なる教育の積み重ねだったこれらの知識が、大人になって自然や環境《かんきょう》に関心を寄せるにつれて、さながら種が樹木に育つように芽吹《めぶ》き始め、いつか花開く可能性さえ秘《ひ》めてきたようなのである。

＊晴眼者…目の見える人。

（平成28年度版　学校図書1年81〜83ページ　三宮麻由子「知識の樹木――『音遊び』抄」・『鳥が教えてくれた空』より）

・周囲の音から自分のいる地点を判断するには、しゃがんで□□□□をとり、耳を澄ます。

・植物を観察する時は、まず□を確かめ、そこから両手で□□にたどる。

(4) ――線③「目が見えない以上、……学ぶしかない」とありますが、筆者は、目が見えない人の知識の理解の方法には、どのようなよさがあると思っていますか。それがわかる部分を文章中から三十三字で探し、初めと終わりの五字を書き抜きなさい。（完答10点）

□□□□□〜□□□□□

(5) 筆者は、自分が身につけてきた知識について、どのように考えていますか。次の□にあてはまる言葉を文章中から書き抜きなさい。（各15点×2＝30点）

小さい頃《ころ》には単なる□□□□□□

□だったが、大人になるにつれて、その知識がいつか

□□□□□□を秘《ひ》めてきた。

# 1 詩の種類・表現技法

## 基本問題①

得点 ／100点

学習日 ／ 日

**確認**

★ 次の詩を読んで、下の□にあてはまる言葉を書き、詩の種類・表現技法をまとめなさい。（各10点×4＝40点）

描《か》きたい

折原《おりはら》みと

キレイなものを見たから、　描きたい。
ステキなこと知ったから、　描きたい。
心が震《ふる》えたから、　描きたい。
忘れたくないから、　描きたい。
（一連＊）

この気持ち、　伝えたいから、
描きたい。
（二連）

（平成14年度版　光村図書1年18ページ　折原みと「描きたい」より）

＊連…詩のまとまり。連と連の間は、ふつう、空いている。

**詩の種類**

(1) 口語（現代の話し言葉）で書かれているので［　　］詩である。

(2) 一行ごとの音数にきまり（例 音数が五―七とそろっている⇒五七調）がなく、自由に書かれているので、［　　］詩である。

(3) この詩の種類は［　語　詩］である。

**詩に用いられている表現技法**

この詩の中には、「［　　　　］」という言葉が五回使われている。こうした表現技法を**反復法**《はんぷくほう》（**繰**《く》**り返**《かえ》**し法**）という。

**〈主な詩の種類と表現技法〉**

用語
- 口語詩…現代の言葉、文法で書かれた詩。
- 文語詩…昔の言葉、文法で書かれた詩。

形式
- 自由詩…音数に一定のきまりがない自由なリズムの詩。
- 定型詩…音数がそろっていて一定のリズムがある詩。

※用語・形式を合わせて「口語自由詩・文語定型詩」などという。

表現技法には、体言《たいげん》止《ど》め・反復法・倒置法《とうちほう》・比喩《ひゆ》などがある。

## 次の詩を読んで、下の問いに答えなさい。

小諸《こもろ》なる古城のほとり
島崎藤村《しまざきとうそん》

小諸なる古城のほとり
雲白く遊《いう》《ユウ》子《し》悲しむ
緑なすはこべは萌《も》えず
若草も藉《し》くによしなし
しろがねの衾《ふすま》の岡辺
日に溶《と》けて淡《あは》《アワ》雪《ゆき》流る

一連

あたゝ《タ》かき光はあれど
野に満つる香《かをり》《カオリ》も知らず
浅くのみ春は霞《かす》みて
麦の色わづ《ズ》かに青し
旅人の群《むれ》はいくつか
畠中《はたなか》の道を急ぎぬ

二連

暮れ行けば浅間《あさま》も見えず
歌哀《かな》し佐久《さく》の草笛
千曲《ちくま》川いざよふ《ウ》波の
岸近き宿にのぼりつ
濁《にご》り酒濁れる飲みて
草枕《くさまくら》しばし慰《なぐさ》む

三連

（島崎藤村「小諸なる古城のほとり」・『落梅集』より）

(1) 詩の種類について説明した次の文の［　］にあてはまる言葉をあとの［　］からそれぞれ選んで書きなさい。（各10点×4＝40点）

① 用語に着目してみると、「よしなし」、「流る」など、文語（昔の書き言葉）で書かれているので、［　　］といえる。

口語詩・文語詩

② 各行の音数に着目してみると、「小諸《こもろ》なる（五音）／古城のほとり（七音）」「雲白く（五音）／遊子《いうし》悲しむ（七音）」のように、一行の音数がそろっていてリズムのある［　　］といえる。

自由詩・定型詩

③ どの行も五音に続いて七音なので、［　　］である。

五七調・七五調

④ この詩の種類は、［　　］である。

口語自由詩・文語定型詩

(2) この詩は何連からできていますか。漢数字で答えなさい。（10点）

［　　］連

(3) ――線部のように体言（名詞）で結ぶ表現技法を何といいますか。（10点）

［　　］止め

# 1 詩の種類・表現技法

## 基本問題②

得点 ／100点

学習日 ／ 日

**1** 次の詩を読んで、下の問いに答えなさい。

あしたこそ

たんぽぽ はるか＊

ひかりを おでこに
くっつけて
はなひらく ひを
ゆめにみて
たんぽぽわたげが
まいあがります

とんでいこう どこまでも
あした
たくさんの「こんにちは」に
であうために

（平成28年度版 光村図書出版1年14ページ 工藤直子「野原はうたう」・『のはらうた』より）

＊作者の工藤直子が、「たんぽぽはるか」が作った設定とした。

(1) この詩は何連からできていますか。漢数字で答えなさい。(10点)

［　　］連

(2) この詩の種類を次から選び、記号で答えなさい。(10点)

**ア** 口語定型詩　**イ** 口語自由詩
**ウ** 文語自由詩　**エ** 文語定型詩

［　　］

(3) ――線「ひかりを おでこに／くっつけて」について次の問いに答えなさい。(各10点×2＝20点)

① 「おでこに／くっつけて」は、たんぽぽのわたげを人に見立てた表現です。この表現技法を次から選び、記号で答えなさい。

**ア** 体言止《たいげんど》め　**イ** 反復法《はんぷくほう》
**ウ** 擬人法《ぎじんほう》

［　　］

② 「ひかりを おでこに／くっつけて」と対《つい》になっている二行を詩の中から書き抜《ぬ》きなさい。

［　　］

(4) ［　　］のまとまりで用いられている表現技法を次から選び、記号で答えなさい。(10点)

**ア** 比喩《ひゆ》　**イ** 倒置法《とうちほう》
**ウ** 体言止め

［　　］

※倒置法…語の順序を普通《ふつう》と入れ替《か》える方法。

## 2 次の詩を読んで、下の問いに答えなさい。

### 風景
純銀《じゅんぎん》もざいく

山村暮鳥《やまむらぼちょう》

いちめんのなのはな
いちめんのなのはな
いちめんのなのはな
いちめんのなのはな
いちめんのなのはな
いちめんのなのはな
いちめんのなのはな
かすかなるむぎぶえ
いちめんのなのはな

いちめんのなのはな
いちめんのなのはな
いちめんのなのはな
いちめんのなのはな
いちめんのなのはな
いちめんのなのはな
いちめんのなのはな
ひばりのおしやべり
いちめんのなのはな

いちめんのなのはな
いちめんのなのはな
いちめんのなのはな
いちめんのなのはな
いちめんのなのはな
いちめんのなのはな
いちめんのなのはな
やめるはひるのつき
いちめんのなのはな。

（平成14年度版　東京書籍1年206〜208ページ　山村暮鳥「風景　純銀もざいく」・『日本の詩歌』より）

---

(1) この詩の形式について説明した次の文の（　）には漢数字を書き入れ、□には詩の中の言葉を書き抜《ぬ》きなさい。（各5点×5＝25点）

この詩は、（　　）連からなり、各連は（　　）行ずつです。各連の一行目から（　　）行目までは［　　　　　　　　　］と書かれ、その次の行の表現だけは、連ごとにちがいます。一行の音数は、ほとんど（　　）音です。

(2) ひばりの鳴き声を、――線「ひばりのおしやべり」と表現することによって、読む人にどんな感じを与《あた》えますか。次から一つ選び、記号で答えなさい。（5点）

ア　楽しい感じ。　イ　遠くから聞こえる感じ。
ウ　雑然とした感じ。

［　　］

(3) この詩で用いられている表現技法としてあてはまらないものを次から一つ選び、記号で答えなさい。（10点）

ア　体言止《たいげんど》め　イ　倒置法《とうちほう》
ウ　反復法《はんぷくほう》　エ　擬人法《ぎじんほう》

※倒置法＝語の順序を普通《ふつう》と入れ替《か》える方法。

［　　］

(4) この詩は、ひらがなのみで書かれていますが、これは読む人にどんな感じを与えますか。最も適切なものを次から選び、記号で答えなさい。（10点）

ア　するどい感じ。　イ　かた苦しい感じ。
ウ　のどかな感じ。

［　　］

# 2 詩の鑑賞

## 基本問題①

得点
／100点

学習日
／　日

**確認**

★ 次の詩を読んで、情景・作者の心情・主題について下の問いに答えなさい。

未知へ

木村信子《きむらのぶこ》

わたしが響《ひび》いている
透明《とうめい》な殻《から》の中で響いている
ありったけ響いている
外はもうすぐ春らしい

わたしが響いている
痛いほど響いている
あふれるほど響いている
もうすぐわたしは割れるのだ

わたしが響いている
おもてへこだまして響いている
まだ見たこともない山へ胸をときめかせて
わたしが響いている

（平成14年度版　教育出版1年240・241ページ　木村信子「未知へ」・『木村信子詩集 時間割にない時間』より）

(1) この詩で季節のはっきりわかる一行を書き抜《ぬ》きなさい。（10点）

〔　　　　〕

(2) 詩の中で、繰《く》り返し用いられている言葉を書き抜きなさい。（10点）

〔　　　　〕

(3) 作者の心情を表した言葉を詩の中から□に書き抜きなさい。（10点）

胸を□□□□□□□

(4) 主題として適切なものを次から選び、記号で答えなさい。（15点）

ア　現在の自分を取り巻くすべてに対する満足感。
イ　自分が新たな世界へ出発することへの期待感。

□

**《詩の鑑賞《かんしょう》のポイント》**

・季節のわかる表現などに注目して、詩の情景をとらえる。
・詩の情景や心情を表す言葉に注意して作者の心情をとらえる。
・表現技法が用いられた部分や作者の心情を手がかりに、主題（作者が最も書きたかったこと）を読み取る。

## ▼ 次の詩を読んで、下の問いに答えなさい。

### 木琴《もっきん》

金井直《かないちょく》

妹よ
今夜は雨が降っていて
お前の木琴がきけない

お前はいつも大事に木琴をかかえて
学校へ通っていたね
暗い家の中でもお前は
木琴といっしょにうたっていたね
そして　よくこう言ったね
①「早く街に赤や青や黄色の電灯がつくといいな」

あんなにいやがっていた戦争が
②お前と木琴を焼いてしまった

妹よ
お前が地上で木琴を鳴らさなくなり
星の中で鳴らし始めてからまもなく
街は明るくなったのだよ

私《わたし》のほかに誰《だれ》も知らないけれど
妹よ
今夜は雨が降っていて
お前の木琴がきけない

（金井直「木琴」・『光村ライブラリー・中学校編 第五巻』より）

(1) この詩の第一連と同じ表現が繰《く》り返されているのは、第何連ですか。漢数字で答えなさい。（10点）

〔第 □ 連〕

(2) ――線①「早く街に赤や青や黄色の電灯がつくといいな」から、妹はどんなことを願っていたと思われますか。次の□にあてはまる言葉を詩の中から書き抜《ぬ》きなさい。（各5点×2＝10点）

〔一日も □、□ が終わることを願っていた。〕

(3) ――線②「お前と木琴《もっきん》を焼いてしまった」という表現は、どんな効果をあげていますか。最も適切なものを次から選び、記号で答えなさい。（10点）

ア　たまたま運悪く戦争の被害《ひがい》にあったことを訴《うった》える効果。
イ　戦争が終わり年月のたったことを実感させる効果。
ウ　戦争のおそろしさをまざまざと印象づける効果。

□

(4) 戦争が終わったことがわかる一行を詩の中から書き抜きなさい。（10点）

〔　　〕

(5) この詩の主題として最も適切なものを次から選び、記号で答えなさい。（15点）

ア　戦争で妹の命がうばわれたことへの深い悲しみ。
イ　木琴を上手に奏《かな》でる妹を誇《ほこ》らしく思う気持ち。
ウ　戦争のつらい思い出を早く忘れたいというあせり。

□

# 2 詩の鑑賞

## 基本問題②

得点 ／100点

学習日 ／ 日

**1** 次の詩を読んで、下の問いに答えなさい。

ある日ある時

黒《くろ》田《だ》三郎《さぶろう》

秋の空が青く美しいという
ただそれだけで
何かしらいいことがありそうな気のする
そんなときはないか
空高く噴《ふ》き上《あ》げては
むなしく地に落ちる噴水《ふんすい》の水も
わびしく梢《こずえ》をはなれる一枚の落葉《おちば》さえ
何かしら喜びに踊《おど》っているように見える
そんなときが

（平成14年度版　光村図書1年198・199ページ　黒田三郎「ある日ある時」・『定本 黒田三郎詩集』より）

(1) この詩の表現上の特徴《とくちょう》について説明した次の文の□にあてはまる言葉を、詩の中から書き抜《ぬ》きなさい。（10点）

「□」という呼びかけが、読み手に自分の経験を振《ふ》り返らせて、この詩を身近なものと感じさせる効果がある。

(2) ――線「何かしら喜びに踊《おど》っているように見える」とありますが、作者の目には何が喜んでいるように見えるのですか。次の文の□に詩の中の言葉を書き抜きなさい。（各10点×2＝20点）

むなしくしずくとなって落ちる□や、わびしく散る□までもが、作者の目には喜んでいるように見える。

(3) この詩の説明として最も適切なものを次から選び、記号で答えなさい。（15点）

ア　自然に対する思いやりが、力強いリズムでうたわれている。
イ　うれしい予感が、印象深い表現でうたわれている。
ウ　もの悲しい気持ちが、優《やさ》しい語り口でうたわれている。

□

## 2 次の詩を読んで、下の問いに答えなさい。

忘れもの

高田敏子《たかだとしこ》

入道雲にのって
夏休みはいってしまった
「サヨナラ」のかわりに
素晴《すば》らしい夕立をふりまいて

けさ　空はまっさお
木々の葉の一枚一枚が
あたらしい光とあいさつをかわしている

だがキミ！　夏休みよ
もう一度　もどってこないかな
忘れものをとりにさ

迷子《まいご》のセミ
さびしそうな麦わら帽子《ぼうし》
それから　ぼくの耳に
くっついて離《はな》れない波の音

（高田敏子「忘れもの」・『高田敏子全詩集』より）

(1) この詩に描《えが》かれている季節は、いつですか。□にあてはまる漢字を考えて書きなさい。（10点）

〔□の初め。〕

(2) この詩の中で、作者が「夏休み」や「木々の葉」を生き生きと表すために用いている表現技法は何ですか。（10点）

〔□法〕

(3) 作者の「夏休み」に対する率直《そっちょく》な思いが最もわかりやすく表されているのは、第何連ですか。漢数字で答えなさい。（10点）

〔第□連〕

(4) ——線「忘れもの」として作者があげているものを三つ、詩の中からそれぞれ五字以内で書き抜《ぬ》きなさい。（各5点×3＝15点）

・
・
・

(5) この詩の主題として最も適切なものを次から選び、記号で答えなさい。（10点）

**ア** 楽しかった夏休みを名残《なごり》おしく思う気持ち。
**イ** あいさつもせず去った夏休みへの腹立たしい気持ち。
**ウ** すてきな夏休みの思い出のある人をうらやむ気持ち。

## 完成問題①

得点
／100点

学習日
／　日

▼次の詩を読んで、下の問いに答えなさい。

### 一日の長さ

清岡卓行《きよおかたかゆき》

ああ　春のよく晴れた休日が
①こんなに短いなんて。
一週間分の疲労《ひろう》から抜《ぬ》けでるように
やっと眼《め》ざめた正午。
朝昼兼用《けんよう》のスープの底には
まるで　②きょうの心を支える
ちいさな神秘のように
鶉《うずら》のゆで卵が沈《しず》んでいたが。

もう夜。

きょう一日
ぼくはいったい何をした？
たまっていた返事の葉書《はがき》を書き

(1)　この詩の種類を次から選び、記号で答えなさい。（10点）

ア　文語自由詩　　イ　口語自由詩
ウ　文語定型詩　　エ　口語定型詩

[　　]

(2)　この詩は、いくつの連から成っていますか。漢数字で答えなさい。（15点）

[　　]連

(3)　第一連と最後の連に共通して用いられている表現技法は何ですか。最も適切なものを次から選び、記号で答えなさい。（10点）

ア　反復法《はんぷくほう》　　イ　倒置法《とうちほう》
ウ　体言止《たいげんど》め　　エ　擬人法《ぎじんほう》

[　　]

(4)　――線①「こんなに短いなんて」とありますが、あっという間に時間が経過していることが表現されている一行を、詩の中から書き抜《ぬ》きなさい。（15点）

[　　]

ポストに行ったついでに散歩をし
とある店先で
取替《とりか》えねばならぬ風呂桶《ふろおけ》などを眺《なが》め
家に戻《もど》って夕食後　十七世紀ごろの
地中海の風がそよいでいるような
弦《げん》ばかりの慌《あわただ》しい戯《たわむ》れを
③束《つか》の間うっとり　聞いたほかに？

明日のランドセルをととのえて
すやすや睡《ねむ》っている子供の髪《かみ》に
そっと頬《ほお》ずりをすると　そこには
あたたかい陽《ひ》の光の匂《にお》い。
砂や草や鳩《はと》や犬や積木《つみき》などの匂い。
そして　すこし甘《あま》い汗《あせ》の匂い。
すべて　ゆるやかな　＊萌黄《もえぎ》の時間。
夢がまじりあう幼い世界は深く
一日は　なんと長いのだ。

＊萌黄…黄色がかった緑色。

（平成15年度版　東京書籍「精選国語総合」109～111ページ　清岡卓行「一日の長さ」・『清岡卓行詩集』より）

(5) ——線②「きょうの心を支える／ちいさな神秘」とありますが、作者は、どのようなことに対してそう考えたのですか。最も適切なものを次から選び記号で答えなさい。（15点）

ア　朝昼兼用《けんよう》の食事が用意されていたこと。
イ　スープに鶉《うずら》のゆで卵が沈《しず》んでいたこと。
ウ　ちょうど正午に眼《め》ざめたということ。

(6) ——線③「束《つか》の間うっとり　聞いたほかに」のあとに省略されている言葉は何ですか。詩の中から一行を書き抜きなさい。（10点）

(7) 最後の連の「匂《にお》い」の表現から、子供のどんな姿が想像されますか。次の□にあてはまる言葉を詩の中から書き抜きなさい。（各5点×2＝10点）

外で□を浴び、自然や動物やおもちゃに触《ふ》れて楽しみ、□をかいて元気に遊ぶ姿。

(8) この詩の主題として最も適切なものを次から選び、記号で答えなさい。（15点）

ア　春の晴れた休日を漫然《まんぜん》と過ごした「ぼく」に比べ、幼い子供の一日はなんと長く豊かなのだろう。
イ　世の中の父親というものは、なんと仕事に疲《つか》れ子供と過ごす時間を持てないでいるのだろう。
ウ　なんでもない春の休日なのに、「ぼく」はこの短い休日に、なんと多くのことをやりとげたのだろう。

# たしかめよう

## 完成問題②

得点
／100点

学習日
／　日

次の詩を読んで、下の問いに答えなさい。

### 奈々子《ななこ》に

吉野《よしの》　弘《ひろし》

赤い林檎《りんご》の頬《ほほ》をして
眠《ねむ》っている　奈々子。

お前のお母さんの頬の赤さは
そっくり
奈々子の頬にいってしまって
ひところのお母さんの
つややかな頬は少し青ざめた
お父さんにも　ちょっと
①酸《す》っぱい思いがふえた。

唐突《とうとつ》だが
奈々子
お父さんは　②お前に
多くを期待しないだろう。
ひとが
ほかからの期待に応えようとして
どんなに
自分を駄目《だめ》にしてしまうか
お父さんは　はっきり
知ってしまったから。

---

(1) この詩の種類を漢字五字で答えなさい。(10点)

□□□□□

(2) 体言《たいげん》止《ど》めが用いられている一行を第一連から探し、その行の終わりの三字を書き抜《ぬ》きなさい。(10点)

□□□

(3) ――線①「酸《す》っぱい思い」と同じような意味で用いられている言葉を詩の中から六字で書き抜きなさい。(10点)

□□□□□□

(4) ――線②「お前に／多くを期待しないだろう」とありますが、お父さんがこのように思うのは、どうしてですか。次の□にあてはまる言葉を詩の中から書き抜きなさい。(各5点×4＝20点)

〔お父さんの□□に□□□□とすることで、奈々子《ななこ》に□□を□□にしてほしくはないから。〕

お父さんが
お前にあげたいものは
健康と
自分を愛する心だ。

③ひとが
ひとでなくなるのは
自分を愛することをやめるときだ。

自分を愛することをやめるとき
ひとは
他人を愛することをやめ
世界を見失ってしまう。

自分があるとき
他人があり
世界がある。

お父さんにも
お母さんにも
酸っぱい苦労がふえた。

苦労は
今は
お前にあげられない。

お前にあげたいものは
香りのよい健康と
かちとるにむづ《ズ》かしく
はぐくむにむづ《ズ》かしい
自分を愛する心だ。

（平成28年度版　学校図書1年70～73ページ　吉野弘「奈々子に」・『吉野弘詩集』より）

**(5)** ——線③「ひとが／ひとでなくなる」と、どうなるのですか。次の□にあてはまる言葉を詩の中から書き抜きなさい。（各10点×2＝20点）

（自分や他人を［　　　］ことをやめ、［　　］を見失う。）

**(6)** この詩から、奈々子の両親のどのような様子が読み取れますか。最も適切なものを次から選び、記号で答えなさい。（10点）

ア　自分たちの子供の成長を喜んで、朗《ほが》らかに過ごしている様子。
イ　反抗的《はんこうてき》な子供の扱《あつか》い方がわからず、ひどく悩《なや》んでいる様子。
ウ　人生の苦労を経《へ》て得た大切なことを子供に伝えようとしている様子。

［　］

**(7)** お父さんは奈々子に対して何を与《あた》えてあげたいと思っていますか。詩の中から二つ、七字で書き抜きなさい。（各10点×2＝20点）

・［　　　　　　　］
・［　　　　　　　］

## 書いてみよう

きみは、自分が生きていくうえで、どんな心やどんなことを大切にしたいと思っているかな。八十字程度で書いてみよう。

# 1 歴史的仮名遣い

## 基本問題①

得点
／100点

学習日
日

確認

★ 次の歴史的仮名遣《かなづか》いを現代仮名遣いに直して書きなさい。（各6点×4＝24点）

① いふ（言ふ）→ い□
② やまぎは（山際）→ やまぎ□
③ まゐる（参る）→ ま□る
④ ひをけ（火桶）→ ひ□け

**!《歴史的仮名遣いを現代仮名遣いに直すときのルール》**

・「は・ひ・ふ・へ・ほ」が、単語の途中《とちゅう》や終わりにあれば、「わ・い・う・え・お」に直す。
（「わたしは」などの「は」は助詞なので、そのまま。）
例 おもふ（思ふ）→ おもう
・「ゐ・ゑ・を」は、「い・え・お」に直す。
（「それを」などの「を」は助詞なので、そのまま。）
例 ゐなか（田舎）→ いなか
このほかの方法もあとの問題で理解しましょう。

**1** 確認 の方法にならって、次の古語を現代仮名遣いに直しなさい。（各4点×10＝40点）

① あはす（合はす）→ あ□す
② うちは（団扇）→
③ こよひ（今宵）→
④ まどふ（惑う）→
⑤ なほ（尚）→
⑥ よは（夜半）→
⑦ こはごは（強々）→
⑧ こゑ（声）→
⑨ をる（折る）→
⑩ ゐる（居る）→

## 2 次の例にならって、あとの古語を現代仮名遣《かなづか》いに直しなさい。（各4点×2＝8点）

・歴史的仮名遣いの「ぢ・づ」は、現代仮名遣いでは「じ・ず」に直すことが多い。 例 もみぢ（紅葉）→もみじ

① よろづ（万）→

② はぢ（恥）→

## 3 次の例にならって、あとの古語を現代仮名遣いに直しなさい。（各4点×2＝8点）

・次のような助動詞の「む」や、「なむ・らむ」などの「む」は、「ん」に直す。 例 きせむ（着せむ）→きせん

① たたかはむ（戦はむ）→

② かへりなむ（帰りなむ）→

## 4 次の例にならって、あとの古語を現代仮名遣いで書きなさい。（4点）

・「つ・や・よ」などを促音《そくおん》や拗音《ようおん》で読む場合は、小さい「っ・ゃ・ょ」に直す。 例 あつぱれ→あっぱれ

① しよ（書）→

## 5 次の例にならって、あとの古語を現代仮名遣いに直しなさい。（各4点×3＝12点）

・母音に「う」が続く場合は、次のように直す。

① ア段音＋「う」（「au」）→「オー」（「ô」）と読む。
例 にんさう（人相）（ninsau）→にんそう（ninsô）

② イ段音＋「う」（「iu」）→「ユー」（「yû」）と読む。
例 くるしう（苦しう）（kurusiu）→くるしゅう（kurusyû）

③ エ段音＋「う」（「eu」）→「ヨー」（「yô」）と読む。
例 せうと（兄人）（seuto）→しょうと（syôto）

① まうで（詣で）（maude）→　（môde）

② たのしう（楽しう）（tanosiu）→　（tanosyû）

③ せうしん（小身）（seusin）→　（syôsin）

## 6 次の例にならって、あとの古語を現代仮名遣いに直しなさい。（4点）

・「くわ・ぐわ」は、「か・が」に直す。 例 くわし（菓子）→かし

① ぐわんじつ（元日）→

# 五章 古典

## 1 歴史的仮名遣い

### 基本問題②

得点
／100点

学習日
／ 日

**1** 次の――線部を現代仮名遣《かなづか》いに直し、すべてひらがなで書きなさい。（各5点×8＝40点）

**1**
そののち、翁《おきな》・嫗《おうな》、血の涙《なみだ》を流して①惑《まど》へど、②かひなし。
（『竹取物語』より）

① 惑《まど》へど →
② かひなし →

**2**
寝《ね》て①ゐても　②うちはの動く親心
（『誹風柳多留』より）

① ゐても →
② うちは →

**3**
明け暮れ、海の①うろくづをとりて、父母を②養ひけるが、ある日のつれづれに、釣《つ》りをせんとていでにけり。
（『御伽草子』より）

① うろくづ →
② 養《やしな》ひける →

**4**
それを見れば、三寸ばかりなる人、いと①うつくしうて②ゐたり。
（『竹取物語』より）

① うつくしう →
※「しう（siu）」は、「イ段音＋う」なので、「utukusiu」→「utukusyû」となり、「シュー」と読む。それを現代仮名遣いで表す。

② ゐたり →

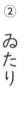

## 2 次の——線部を現代仮名遣《かなづか》いに直し、すべてひらがなで書きなさい。（各5点×12＝60点）

**1**

夕日のさして、山の端《は》いと①近《ちか》うなりたるに、烏《からす》の、寝《ね》どころへ行くとて、三《み》つ四《よ》つ、二つ三つなど、②飛びいそぐさへ、③あはれなり。

（清少納言「枕草子」第一段より）

① 近《ちか》う →

※「かう（kau）」は、「ア段音＋う」なので、「tikau」→「tikô」となり、「コー」と読む。それを現代仮名遣《かなづか》いで表す。

② 飛《と》びいそぐさへ →

③ あはれなり →

**2**

これを見て、内外《うちと》なる人の心ども、物に①おそはるるやうにて、②あひ戦はむ心もなかりけり。

（「竹取物語」より）

① おそはるるやうにて →

② あひ戦《たたか》はむ →

**3**

「このこと、①試みてむ。これ、罪得《う》べきことにあらず。」と②思ひて、とがり矢を弓に③つがひて、聖《ひじり》の拝みいりたる上より差し越《こ》して、弓を強く引きて、④ひやうと射たりければ、御《み》胸のほどに当たる⑤やうにて、火を打ち消つごとくにて光も失《う》せぬ。谷へとどろめきて逃《に》げ行く音す。聖、「これはいかにし⑥たまへるぞ。」と言ひ、⑦泣き惑《まど》ふこと限りなし。

（「宇治拾遺物語」より）

① 試《こころ》みてむ →

② 思《おも》ひて →

③ つがひて →

④ ひやうと →

※「やう（yau）」は、「ア段音＋う」なので、「yô」。「ひやう」は「ヒョー」と読む。それを現代仮名遣いで表す。

⑤ やうにて →

⑥ したまへるぞ →

⑦ 泣《な》き惑《まど》ふ →

# 1 歴史的仮名遣い

## 標準問題

得点

／100点

学習日

／　日

**1** 次の文章を読んで、下の問いに答えなさい。

①信州安曇郡重柳《しんしうあづみごほりしげやなぎ》といふ所に、②きはめて《非常に》正直なる百姓《ひやくしやう》、名を③松兵衛《まつべゑ》とてあり《いた》。ある時、外より《外からの》帰り《帰り道で》に、子どもねずみ二匹《ひき》を④とらへ、打ち殺さんとする《打ち殺そうとしているのに出会った》。

「⑤おぢい《じいさん》、銭《ぜに》をくれるなら、ねずみを⑥やらう。」

「がてんだ《承知した》。がてんだ。」

もとより《もともと》慈悲《じひ》深き松兵衛なれ《である》ば《から》、子どもらに銭を取らせ、そのねずみを買ひ取り《買い取って》、宿へ帰る《家に帰った》。

（鳥居清満「白ねずみ」・『草双紙』より）

(1) ――線①「信州安曇郡重柳《しんしうあづみごほりしげやなぎ》」を現代仮名遣《かなづか》いに直したものとして正しいものを次から一つ選び、記号で答えなさい。（4点）

ア しんしうあずみごおりしげやなぎ

イ しんしゅうあずみごおりしげやなぎ

ウ しんしゅうあずみごうりしげやなぎ

(2) ――線②～⑥を現代仮名遣いに直し、すべてひらがなで書きなさい。（各6点×5＝30点）

② きはめて →

③ 松兵衛《まつべゑ》 →

④ とらへ →

⑤ おぢい →

⑥ やらう →

## 2 次の文章を読んで、下の問いに答えなさい。

これや《これこそ》わが求むる①山ならむ《わたくしが探し求めていた山だろう》と②思ひて、さすがに《やはり》恐《おそ》ろしくおぼえて《思われて》、山のめぐり《周囲》をさしめぐらして《こぎ回らせて》、二、三日ばかり、見歩《あり》くに《様子を見て回っていますと》、天人の③よそほひしたる《身なりをした》女、山の中よりいで来て、銀《しろかね》の金鋺《かなまる》《銀のお椀》を持ちて、水をくみ歩く《くんでいきます》。これを見て、船より《（わたくしは）船から》下りて、「この山の名を何とか申す《なんというのですか》。」と④問ふ《たずねました》。女、⑤答へて ⑥いはく、「これは、蓬萊《ほうらい》の山なり。」と答ふ。これを聞くに、うれしきことかぎりなし《うれしくてたまりませんでした》。

その山、見るに、さらに登るべき⑦やうなし《全く登りようがありません》。その山のそばひら《崖《がけ》のすそを》をめぐれば《回ってみると》、世の中になき花の木ども立てり《この世で見られないような花の木々が立っています》。金《こがね》・銀・瑠璃《るり》色の水、山より流れいでたり《山から流れ出ています》。それには《その流れには》、色々の玉の橋渡《わた》せり《色とりどりの玉でできた橋がかかっています》。そのあたりに、照り輝《かかや》く木ども立てり。

（「竹取物語」より）

---

(1) ——線①、②、⑤、⑦を現代仮名遣《かなづか》いに直すときの注意点として正しいものをあとから選び、□に記号で答えなさい。また、現代仮名遣いに直したものを、すべてひらがなで〔　〕に書きなさい。（各6点×8＝48点）

① 山《やま》ならむ … □ → 〔　〕

② 思《おも》ひて … □ → 〔　〕

⑤ 答《こた》へて … □ → 〔　〕

⑦ やうなし … □ → 〔　〕

ア ア段音＋「う」や「ふ」は、「おう」（「ô」）となる。
イ 助詞と語頭以外の「は・ひ・ふ・へ・ほ」は、「わ・い・う・え・お」に直す。
ウ 助動詞の「む」は、「ん」に直す。

(2) ——線③、④、⑥を現代仮名遣いに直し、すべてひらがなで書きなさい。（各6点×3＝18点）

③ よそほひ → 〔　〕

④ 問《と》ふ → 〔　〕

⑥ いはく → 〔　〕

# 2 重要古語と内容の理解

## 基本問題①

得点　／100点

学習日　／　日

### 確認

★次の古文と現代語訳を読み、あとの□にあてはまる言葉を現代語訳の中から書き抜《ぬ》いて、古語や古文の内容についてまとめなさい。（各6点×5＝30点）

その竹の中に、もと光る竹なむ一筋ありける。あやしがりて、寄りて見るに、筒《つつ》の中光りたり。それを見れば、三寸ばかりなる人、いとうつくしうてゐたり。

《現代語訳》

その竹林の中に、根もとの光る竹が一本あった。不思議に思って、近寄って見ると、筒の中が光っている。それを見ると、背丈《せたけ》三寸（＝約九センチメートル）ぐらいである人が、とてもかわいらしい様子で座《すわ》っている。

（「竹取物語」より）

**古語の意味**

「いと」は、「　　　」、「うつくしうて」は、「　　　」の意味である。このように、現代にはない語や、意味の異なる語がある。

**古文特有の言葉**

「ありける」は「　　　」、「光りたり」は「　　　」という意味で、「けり」や「たり」は、古文特有の言葉である。

**助詞（「が・に・を・は」）の省略**

「三寸ばかりなる人」は「　　　」の意味で、古文ではこの語のあとに助詞の「が」省略されている。

**《古文を読むときの注意点》**

- 古文だけに用いられる語や現代とは意味の異なる語など、古語の意味に注意する。
- 「けり」や「たり」など、古文特有の言葉に注意する。
- 助詞「が・に・を・は」の省略に注意する。

## 1 次の古文と現代語訳を読んで、――線部の古語の意味を現代語訳の中から書き抜《ぬ》きなさい。（各10点×4＝40点）

夏は、夜。
①月のころは、②さらなり。闇《やみ》もなほ③。蛍《ほたる》の多く飛びちがひたる、また、ただ一つ二つなど、ほのかにうち光りて行《ゆ》くも、④をかし。
雨など降るも、をかし。

《現代語訳》

夏は、夜。
月の眺《なが》めのよいころは、言うまでもない。月の出ない闇でもやはり（よい）。蛍がたくさん乱れ飛んでいるのも、また、たった一つ二つと、ほのかに光って飛んで行くのも、趣《おもむき》がある。
雨など降るのも、趣がある。

（清少納言「枕草子」第一段より）

① 月のころ →
② さらなり →
③ なほ →
④ をかし →

## 2 次の古文と現代語訳を読んで、あとの問いに答えなさい。（各10点×3＝30点）

中将取りつれば、①ふと天《あま》の羽衣《はごろも》うち着せたてまつりつれば、翁《おきな》を、「いとほし、②かなし。」と③おぼしつることも失《う》せぬ。

《現代語訳》

中将が（手紙と壺《つぼ》を）受け取ったので、（天人が）さっと天の羽衣を（かぐや姫《ひめ》に）着せてさしあげると、おじいさんのことを、「かわいそうだ、気の毒だ。」とお思いになっていたことも消え失せてしまった。

（「竹取物語」より）

(1) ――線①・②の古語の意味をそれぞれ現代語訳の中から書き抜《ぬ》きなさい。

① ふと →
② かなし →

(2) ――線③「おぼしつる（＝お思いになっていた）」とありますが、誰《だれ》が「お思いになっていた」のですか。現代語訳中から書き抜きなさい。

〔　　〕

## 2 重要古語と内容の理解

### 基本問題②

得点
／100点
学習日
／ 日

**1** 次の古文と現代語訳を読んで、下の問いに答えなさい。

秋は、夕暮れ。
夕日のさして、山の端《は》いと近うなりたるに、烏《からす》の、寝《ね》どころへ行くとて、三《み》つ四《よ》つ、二つ三つなど、飛びいそぐさへ、①あはれなり。②まいて、雁《かり》などの列《つら》ねたるが、いと小さく見ゆるは、いとをかし。
日入りはてて、風の音、虫の音《ね》など、はた言ふべきにあらず。

《現代語訳》
秋は、夕暮れ。
夕日がさして、山の端（＝山が空に接しているところ）にとても近づいているころ、烏がねぐらに帰ろうとして、三つ四つ、二つ三つと、思い思いに帰りを急ぐ姿までも、心がひかれる。まして、雁などが列になって飛んでいるのが、大変小さく見えるのは、とても趣《おもむき》がある。
日が落ちてしまってからの、風の音、虫の音などは、③また言いようもない。

（清少納言「枕草子」第一段より）

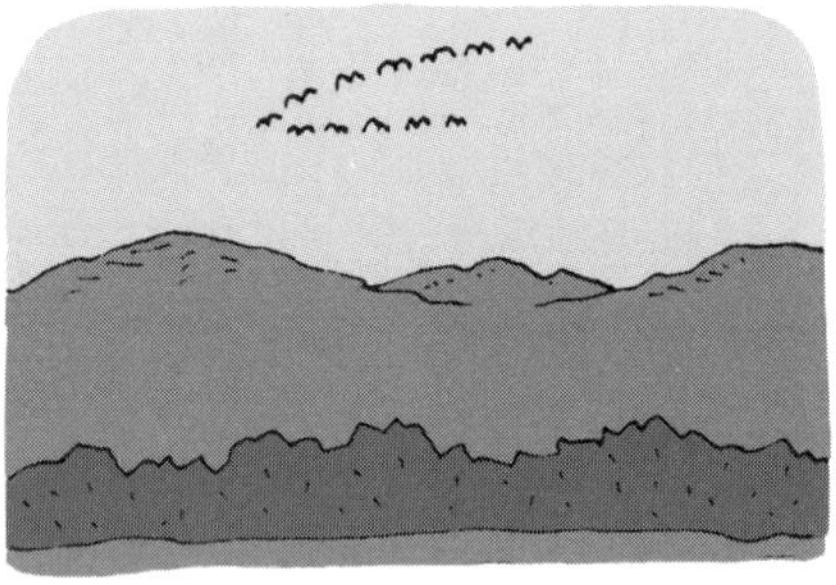

(1) どんなことについて書かれた文章ですか。次から選び、記号で答えなさい。（10点）
ア 秋で寂《さび》しいのはどんな情景か。
イ 秋で趣《おもむき》深いのはどんな情景か。

(2) ――線①「あはれなり」と、似た意味の言葉を三字で古文中から書き抜《ぬ》きなさい。（10点）

(3) ――線②「まいて」の意味を現代語訳の中から書き抜きなさい。（10点）

(4) ――線③「また言いようもない」とありますが、言いようもなくどうだといっているのですか。最も適切なものを次から選び、記号で答えなさい。（10点）
ア 言いようもなく寂しい。
イ 言いようもなくうるさい。
ウ 言いようもなく趣がある。

## 2 次の古文と現代語訳を読んで、下の問いに答えなさい。

〔僧坊《そうぼう》にとまることにした猟師《りょうし》は、自分にも白い象に乗った普賢菩《ふげんぼ》薩《さつ》が見えるかもしれないと期待し、聖《ひじり》のすぐ後ろに控《ひか》えて、今か今かと待ち受けているところである。〕

九月《ながつき》二十日のことなれば夜も長し。「①今や、今や。」と待つに、「夜半《よは》過ぎぬらん。」と思ふほどに、東ⓐの山ⓑの峰《みね》より月ⓒの出《い》づるやうに見えて、峰ⓓの嵐《あらし》もすさまじきに、この坊の内、光差し入りたるやうにて、明《あか》くなりぬ。見れば、普賢菩薩、白象《びゃくぞう》に乗りて、やうやう②おはし、侍《はべ》る坊の前に立ちたまへり。

〔聖は涙《なみだ》を流して普賢菩薩を拝み、猟師にたずねる。〕

「③いかに。主殿《ぬしどの》は拝みたてまつるや。」

〔　〕部分要約

《現代語訳》

九月二十日のことであるので夜も長い。「今（来る）か、今（来る）か。」と待っていると、「夜中も過ぎてしまっただろう。」と思うころ、東の山の峰から月が出ているように見え、峰の嵐も吹《ふ》きすさんでいる時に、この僧坊の中に、光が差し入ったように明るくなった。見ると、普賢菩薩が、白い象に乗って、しずしずといらっしゃり、（二人が）いる僧坊の前にお立ちになっている。

〔聖は涙を流して普賢菩薩を拝み、猟師にたずねる。〕

「どうでしょうか。お前さんは拝ませていただいたでしょうか。」

（「宇治拾遺物語」より）

---

(1) 〰線ⓐ～ⓓの「の」の中で、「が」に置きかえられるのはどれですか。一つ選んで記号で答えなさい。（10点）

□

(2) ——線①「今や、今や」とありますが、二人（聖《ひじり》と猟師《りょうし》）は、何を待っているのですか。次から選び、記号で答えなさい。（10点）

ア 白象《びゃくぞう》に乗った普賢菩薩《ふげんぼさつ》

イ 月の光

□

(3) ——線②「おはし」の意味を現代語訳の中から書き抜《ぬ》きなさい。（10点）

〔　　　〕

(4) ——線③「いかに」とありますが、これは、誰が誰《だれ》に向かってどんなことをたずねているのですか。次の□にあてはまる言葉を現代語訳の中から書き抜きなさい。（各10点×3＝30点）

〔僧《そう》が□に向かって、□に乗ってやって来た□を拝んだかということをたずねている。〕

# 2 重要古語と内容の理解

## 標準問題

得点 ／100点

学習日 ／ 日

**1** 次の古文と現代語訳を読んで、下の問いに答えなさい。

かかる程に、宵《よひ》うち過ぎて、子《ね》の時ばかりに、①家のあたり昼の明《あか》さにも過ぎて光りわたり、望月《もちづき》の明さを十あはせたるばかりにて、ある人の毛の穴さへ②見ゆるほどなり。

大空より、人雲に乗りて下り来て、土より③五尺*ばかり上がりたる程に④立ち列《つら》ねたり。これを見て、内外《うちと》なる人の心ども、物におそはるるやうにて、あひ戦はむ心もなかりけり。

《現代語訳》

こうしているうちに、宵も過ぎ、夜中の十二時ごろになると、家の周辺□昼の明るさ以上に一面に光り輝《かがや》いて、満月の明るさを十倍にしたほどで、そこにいる人々の毛穴までもが［　］。大空から、人が雲に乗って下りてきて、地上から［　］上に、立ち並びました。これを見て、家の内や外にいる人たちの心は、何かに襲《おそ》われたようになり、対戦しようという気持ちも起こりませんでした。

（「竹取物語」より）

＊尺…一尺が約三〇・三センチメートル。

(1) ――線①の「家のあたり」のあとに一語を補うとき、最も適切なものを次から選び、記号で答えなさい。（10点）

ア が
イ に
ウ を

(2) ――線②「見ゆるほどなり」、③「五尺ばかり」の語句の意味として最も適切なものをそれぞれ次から選び、記号で答えなさい。（各15点×2＝30点）

②
ア 見えるほどでしょう
イ 見えそうな気がしました
ウ 見えるほどです

③
ア 五尺だけ
イ 五尺ぐらい
ウ 五尺ずつ

(3) ――線④「立ち列《つら》ねたり（＝立ち並びました）」とありますが、立ち並んだのは誰《だれ》ですか。適切なものを次から選び、記号で答えなさい。（10点）

ア 家の内や外にいる人たち
イ 大空から雲に乗って下りてきた人

## 2 次の古文と現代語訳を読んで、下の問いに答えなさい。

冬は、つとめて。

雪の降りたるは、言ふべきにもあらず。

霜《しも》のいと白きも。

また、①さらでもいと寒きに、②火などいそぎおこして、炭もてわたるも、いと③つきづきし。昼になりて、ぬるくゆるびもていけば、火をけの火も、白き灰がちになりて、[A]。

《現代語訳》

冬は、早朝。

雪の降ったのは、言いようもない（くらい趣《おもむき》が深い）。

霜が真っ白におりているのも（趣が深い）。

また、そうでなくても、ひどく寒い朝、火など□大急ぎでおこして、炭を持ち運んで廊下《ろうか》を通っていくのも、いかにも（冬の早朝には）ふさわしい。昼になって、寒さがだんだん緩《ゆる》んで暖かくなっていくと、丸火鉢《まるひばち》の火も、白い灰ばかりになって、みっともない。

（清少納言「枕草子」第一段より）

(1) ――線①「さらでも」は、「そうでなくても」の意味ですが、くわしく言いかえるとどうなりますか。□にあてはまる言葉を現代語訳中から書き抜《ぬ》きなさい。（各5点×3＝15点）

〔おりたりしていなくても　□が降ったり、□が□□□に〕

(2) ――線②「火などいそぎおこして」とありますが、「火など」のあとに一語を補うとき、最も適切なものを次から選び、記号で答えなさい。（10点）

ア　が

イ　に

ウ　を

□

(3) ――線③「つきづきし」の意味を、現代語訳の中から書き抜きなさい。（10点）

〔　〕

(4) [A]には、現代語に訳すと「みっともない」になる古語が入ります。その古語として最も適切なものを次から選び、記号で答えなさい。（15点）

ア　をかし

イ　うつくし

ウ　わろし

□

# 3 故事成語と漢文の読み方

## 基本問題①

得点

／100点

学習日

／ 日

### 確認

★ 次の故事成語《こじせいご》の表を読んで、あとの問いに答えなさい。

| | |
|---|---|
| 五十歩百歩《ごじっぽひゃっぽ》 | 意味 似たりよったりであること。<br>例文 外に遊びに行った弟も、家でテレビを見ていた僕《ぼく》も、母の手伝いをしない点では、**五十歩百歩**だ。 |
| 背水《はいすい》の陣《じん》 | 意味 決死の覚悟《かくご》で全力で事にあたること。<br>例文 無得点のまま迎《むか》えた九回の表の攻撃《こうげき》、僕らのチームは**背水の陣**だった。 |

・次の文の［＊］にあてはまる故事成語を、右の表から選んで下の［　］に書きなさい。（各10点×2＝20点）

(1) 彼《かれ》は受験校を一校にしぼって、［＊］で勉強している。…［　　　］

(2) 授業中におしゃべりをしている人も、だまってぼうっとしている人も、［＊］です。…［　　　］

！ 「故事成語」とは、中国の故事（言い伝えや書物の話）に基《もと》づいて生まれた短い言葉のことです。主な故事成語の意味と、もとになっている話を理解し、正しく使えるようにしましょう。

**1** 次の表を読んで、あとの文の［　］にあてはまる故事成語を書き入れなさい。（各10点×4＝40点）

| | |
|---|---|
| 蛇足《だそく》 | 意味 よけいなもの。無用なもの。 |
| 推敲《すいこう》 | 意味 字句や文章を何度も練り直すこと。 |
| 漁夫《ぎょふ》の利《り》 | 意味 二人が争っているすきに、ほかの人が利益を横取りしてしまうこと。 |
| 蛍雪《けいせつ》の功《こう》 | 意味 苦労して学問にはげむこと。 |

(1) テレビのマラソン中継《ちゅうけい》に、よく話す解説者が出ていた。話の中には［　　　］だと思われるところも多くあった。

(2) 姉とじゃんけんをしているすきに、兄に一番大きなケーキを食べられてしまい、これこそ［　　　］だと文句を言った。

(3) 父は、自分が若いころ一生懸命《けんめい》勉強した様子を話すときに、必ず［　　　］という言葉を使う。

(4) 学級文集のための作文を、繰《く》り返し［　　　］した。

## 教育出版
### 伝え合う言葉　中学国語 1


教科書の内容　ページ

一　表現／対話／思想
ふしぎ……96～107
桜蝶《さくらちょう》……46～85
二　自然／環境／科学
自分の脳を知っていますか……4～45
三　人権／多様性／平和
ベンチ……46～85
全ては編集されている……4～45
四　自然／環境／科学
「エシカル」に生きよう……86～95
森には魔法《まほう》つかいがいる……4～45
五　伝統／文化／歴史
昔話と古典―箱に入った桃太郎《ももたろう》―……108～119・124～126
物語の始まり―竹取《たけとり》物語―……108～119・124～126
故事成語―中国の名言―…120～123・127
蜘蛛《くも》の糸……46～85
六　身体／生命／家族
河童《かっぱ》と蛙《かえる》……96～107
オツベルと象……46～85
七　近代化／国際社会／共生
子どもの権利……4～45
八　伝統／文化／歴史
言葉がつなぐ世界遺産……86～95
地域から世界へ―ものづくりで未来を変える―…86～95
九　自己／他者／物語
四季の詩……96～107
少年の日の思い出……46～85
言葉の自習室
銀のしずく降る降る……4～45
蓬莱《ほうらい》の玉の枝と偽《いつわ》りの苦心談―竹取物語―……108～119・124～126
花の詩画集……96～107
デューク……46～85


## 東京書籍
### 新しい国語 1


教科書の内容　ページ

巻頭詩
風の五線譜《ごせんふ》……96～107
言葉の学習
話し方はどうかな……4～45
1　言葉を楽しむ
詩の心―発見の喜び……96～107
2　思いを捉える
飛べ　かもめ……46～85
さんちき……46～85
3　分かりやすく伝える
オオカミを見る目……4～45
読書への招待
碑《いしぶみ》……4～45
4　考えをまとめる
私のタンポポ研究……4～45
日本語のしらべ
月夜の浜辺《はまべ》……96～107
5　伝統文化に親しむ
移り行く浦島太郎の物語……4～45
伊曽保《いそほ》物語……108～119・124～126
竹取《たけとり》物語……108～119・124～126
矛盾《むじゅん》……120～123・127
6　作品を読み解く
少年の日の思い出……46～85
読書への招待
風を受けて走れ……86～95
7　表現を考える
ニュースの見方を考えよう……4～45
詩の言葉
わたしの中にも……96～107
読書への招待
トロッコ……46～85
資料編
そこに僕《ぼく》はいた……86～95
「常識」は変化する……4～45
さまざまな古典作品……108～119・124～126

## 光村図書
### 国語 1


教科書の内容　ページ

朝のリレー……96～107

**言葉に出会うために**

野原はうたう……96～107

**1　学びをひらく**

シンシュン……46～85

**2　新しい視点で**

ダイコンは大きな根?……4～45

ちょっと立ち止まって……4～45

**3　言葉に立ち止まる**

詩の世界……96～107

比喩《ひゆ》で広がる言葉の世界……4～45

**読書生活を豊かに**

あと少し，もう少し……46～85

西の魔女が死んだ……46～85

ブラインドの向こうに見える光……86～95

**4　心の動き**

大人になれなかった弟たちに……46～85

星の花が降るころに……46～85

**5　筋道を立てて**

「言葉」をもつ鳥，シジュウカラ……4～45

大阿蘇《おおあそ》……96～107

**6　いにしえの心にふれる**

いろは歌……108～119・124～126

古典の世界……108～119・124～126

蓬莱《ほうらい》の玉の枝─「竹取物語《たけとり》」から

……108～119・124～126

今に生きる言葉……120～123・127

**7　価値を見いだす**

「不便」の価値を見つめ直す……4～45

**読書に親しむ**

君たちはどう生きるか……46～85

たのしい制約……86～95

**8　自分を見つめる**

少年の日の思い出……46～85

随筆《ずいひつ》二編……86～95

さくらの　はなびら……96～107

**学習を広げる　資料**

坊《ぼ》っちゃん……46～85

幻の魚は生きていた……4～45


## 三省堂
### 現代の国語 1


教科書の内容　ページ

**1　豊かに想像する**

朝のリレー……96～107

竜……46～85

**2　わかりやすく伝える**

ペンギンの防寒着……4～45

クジラの飲み水……4～45

**3　ものの見方・感性を養う**

空中ブランコ乗りのキキ……46～85

字のない葉書《はがき》……86～95

本を読むことのおもしろさ……86～95

**4　論理的に考える**

玄関扉《げんかんとびら》……4～45

**5　古典に学ぶ**

月を思う心……4～45

竹取《たけとり》物語……108～119・124～126

故事成語─矛盾《むじゅん》……120～123・127

**6　情報を関係づける**

「みんなでいるから大丈夫《だいじょうぶ》」の怖《こわ》さ…4～45

**7　読みを深め合う**

それだけでいい……96～107

トロッコ……46～85

**8　視野を広げる**

意味と意図─コミュニケーションを考える

……4～45

**9　振り返って見つめる**

少年の日の思い出……46～85

**読書の広場**

電車は走る……46～85

紅鯉《べんごい》……46～85

古事記……108～119・124～126

この小さな地球の上で……86～95

食感のオノマトペ……4～45

できた！
中1国語
読解

中学基礎がため100%

# 教科書との内容対応表

※令和３年度の教科書からは、
こちらの対応表を使いましょう。

●この「教科書との内容対応表」の中から、自分の教科書の部分を切り取って、本書の3ページ「もくじ」の右の部分にはりつけ、勉強をするときに活用してください。
●この表の左側には、みなさんが使っている教科書の単元を示してあります。右側には、それらの単元の学習内容に対応する「できた！中１国語 読解」のページを示してあります。

くもん出版

**2** 次のそれぞれの故事成語《こじせいご》ができたもとの話は、どれですか。適切なものをあとから選び、記号で答えなさい。（各5点×4＝20点）

(1) 蛍雪《けいせつ》の功《こう》 □

(2) 蛇足《だそく》 □

(3) 漁夫《ぎょふ》の利《り》 □

(4) 背水《はいすい》の陣《じん》 □

**ア** シギにつっつかれ口を固くしたハマグリ。ハマグリにはさまれて飛べないシギ。そこへ漁師がやって来て両者を一度につかまえた。

**イ** 漢《かん》の韓信《かんしん》は、背後が川という不利な場所に兵士を陣取らせ、一歩も退けないという決死の覚悟《かくご》で戦わせた。そして見事勝利を得た。

**ウ** 車胤《しゃいん》は、夏の夜は蛍《ほたる》を集めてその光で勉強した。また、孫康《そんこう》は、冬に窓の雪明かりで勉強した。二人とも努力が実って出世できた。

**エ** 蛇《へび》を早く描《えが》く競争をしたときのこと。一番早く描《か》いた者が調子にのって足をかき足した。すると、蛇には足はないからと言われ、競争に負けてしまった。

**確認**

★ 次の□にあてはまるひらがなを書いて、訓読文を書き下し文に直しなさい。（完答10点）

・〔訓読文〕聞キテレ一ヲ以《もっ》テ知ルレ十ヲ → 〔書き下し文〕一を聞きて以て十□知□

**!** 漢文を読むために送り仮名や返り点を付けたものを訓読文、訓読文を漢字仮名交じり文に直したものを書き下し文という。

**《漢文の読み方（訓読のきまり）》**

・送り仮名…漢字の右下に片仮名で、歴史的仮名遣《かなづか》いで付ける。

例 〔訓読文〕子《し》曰《い》ハク。→〔書き下し文〕子曰はく。

・返り点…漢字の左下につけて、読む順番を示す記号。

〔レ点（一字上に返って読む）　一・二点（二字以上上に返って読む）〕

例 読ムレ書ヲ。→書を読む。

例 待ツ二天命ヲ一。→天命を待つ。

＊返り点は、「レ点」「一・二点」以外もあります。

▼ □にあてはまる送り仮名をひらがなで書いて、上の訓読文を書き下し文に直しなさい。（完答10点）

・〔訓読文〕先ンズレバ即《すなは》チ制スレ人ヲ → 〔書き下し文〕先んずれば即ち人□制□

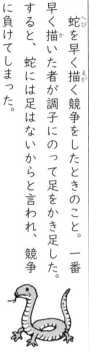

# 3 故事成語と漢文の読み方

## 基本問題②

得点　／100点

学習日　／　日

**1** 次の故事とその現代語訳を読んで、下の問いに答えなさい。

楚人《そひと》に盾《たて》と矛《ほこ》とを①鬻《ひさ》ぐ者有り。②之を誉《ほメテ》曰《いハク》、「吾《わ》が盾の堅《かた》きこと、能《よ》く陥《とほ》すもの莫《な》きなり。」と。又《また》其《そ》の矛を誉《ほメテ》曰《いハク》、「吾が矛の利なること、③物に於《お》いて陥さざる無きなり。」と。或《あ》る人曰はく、「子《し》のAを以《もっ》て、子のBを陥さば如何《いかん》。」と。其の人応《こた》ふること能《あた》はざるなり。

《現代語訳》

楚の国の人で盾と矛を売る者がいた。（その人が）□をほめて「私の盾の堅いことといったら、（これを）突《つ》き通せるものはない。」と言った。さらに、その矛をほめて「私の矛の鋭《するど》いことといったら、どんなものでも突き通せないものはない。」と言った。（そこで）ある人が、「あなたのAで、あなたのBを突き通すとどうなるのかね。」と尋《たず》ねた。その人は（言葉につまって）答えることができなかった。

（「韓非子」より）

(1) ――線①「鬻《ひさ》ぐ」の意味は何ですか。現代語訳から書き抜《ぬ》きなさい。（10点）

〔　　　　〕

(2) ――線②「之」とは、何を指しますか。文章中から一字で書き抜きなさい。（10点）

□

(3) ═線「誉《ほメテ》曰《いハク》」を書き下し文に直しなさい。（10点）

〔訓読文〕誉《メテ》曰《ハク》 → 〔書き下し文〕〔誉《ほ》□　曰《い》はく〕

(4) ――線③「物に於《お》いて陥《とほ》さざる無きなり」と同じ内容を表しているものは、次のどれですか。最も適切なものを選び、記号で答えなさい。（10点）

ア　どんなものでも突《つ》き通せない
イ　どんなものでも突き通せる
ウ　突き通せるものも少しはある

□

(5) A・Bにあてはまる言葉を、それぞれ文章中から一字で書き抜きなさい。（各5点×2＝10点）

A □　B □

## 2 次の故事とその現代語訳を読んで、下の問いに答えなさい。

〈梁《りょう》の国の王様恵王《けいおう》は、ある日孟子《もうし》にたずねた。「私は、凶作《きょうさく》の時には民を移住させるなどして、民のために心をつくしている。となりの国は何もしていないようだが、となりの国の民が減った様子もなく、我《わ》が国の民が増えた様子もない。どうしてなのか。」と。〉

①孟子対《まうしこた》へて曰《い》はく、②「王好《ム》レ戦《ヒヲ》、請《こ》ふ、戦ひを以《もっ》て喩《たと》へん。③填然《てんぜん》として之《これ》に鼓《こ》し、兵刃既《へいじんすで》に接す。甲《かぶ》を棄《す》て兵を曳《ひ》きて走《に》ぐ。或《ある》いは百歩にして後に止まる。或いは五十歩にして後に止まる。五十歩を以《もっ》て百歩を笑へば、則《すなは》ち何如《いかん》。」と。

恵王曰はく、「④不可なり。直《た》だ百歩ならざるのみ。是《これ》も亦《ま》た走ぐるなり。」と。

《現代語訳》

孟子《もうし》が答えて言うことには、「王様は戦《いくさ》がお好きですから、戦争のたとえ話でお答えいたしましょう。ドンドンと進軍の太鼓《たいこ》が鳴って、刀を交えて戦争が始まると、よろいを脱《ぬ》ぎ捨て、武器を引きずって逃《に》げ出した。ある者は百歩逃げて止まった。ある者は五十歩逃げて止まった。五十歩逃げた者が百歩逃げた者を、臆病者《おくびょうもの》、と言って笑ったら、いかがなものでしょうか。」と。

恵王が言うことには、「それはよくない。ただ百歩逃げなかっただけだ。これも逃げ出したことに変わりはない。」と。

〈孟子は、ここぞとばかり、「そうなのです。凶作のときに民を移住させるだけの王様の政治と何もしないとなりの国の政治とは、いわば『五十歩百歩』で、たいした違《ちが》いはないのです。」と言った。〉

〔　〕部分要約　（「孟子」より）

(1) ——線①「孟子対《まうしこた》へて」とありますが、「孟子」は、誰《だれ》に対して答えたのですか。次から選び、記号で答えなさい。（10点）

ア となりの国の王

イ 恵王《けいおう》

□

(2) ——線②の書き下し文として正しいほうを選び、記号で答えなさい。（5点）

ア 王好む戦ひを

イ 王戦ひを好む

□

(3) ——線③は、どういう事態になることをいっているのですか。現代語訳の中から六字で書き抜《ぬ》きなさい。（10点）

□□□□□□こと。

(4) ——線④「不可なり（＝よくない）」とありますが、どんなことがよくないのですか。次の□にあてはまる言葉を現代語訳の中から書き抜きなさい。（各5点×3＝15点）

□歩逃《に》げた者が□歩逃げた者のことを、□と言って笑うこと。

(5) 故事成語《こじせいご》「五十歩百歩《ごじっぽひゃっぽ》」の意味として最も適切なものを次から選び、記号で答えなさい。（10点）

ア 大きな違《ちが》いがあること。

イ 場合によっては大きな違いになること。

ウ 本質的な違いはないこと。

□

# たしかめよう

## 完成問題①

得点
／100点

学習日
／　日

**1** 次の古文と現代語訳を読んで、下の問いに答えなさい。

ある犬、肉《ししむら》をⓐくはへて川を渡《わた》る。まん中ほどにてその影《かげ》水に映りて大きに見えければ、「わがくはゆるところの肉より大きなる。」と心得て、①これを捨てて②かれを取らむとす。ⓑかるがゆゑに、二つながらこれを失ふ。

そのごとく、重欲心《ぢうよくしん》の輩《ともがら》は、他の財《たから》をうらやみ、事にふれて貪《むさぼ》るほどに、たちまち天罰《てんばつ》をⓒかうむる。わが持つところの財をも失ふことありけり。

《現代語訳》

ある犬が、肉の塊《かたまり》をくわえて川を渡《わた》る。（川の）中ほどで、その影が水に映って大きく見えたので、「私がくわえている肉より大きい。」と思って、これを捨てて、あれを取ろうとする。このため、二つとも失ってしまう。

そのように、欲の深い者たちは、他人の財産をうらやみ、なにかにつけて貪《むさぼ》るので、たちまち③天罰《てんばつ》を受ける。自分が持っていた財産も失うことがあるものだ。

（「伊曾保物語」より）

(1) 〰〰線ⓐ〜ⓒを現代仮名遣《かなづか》いに直しなさい。（各5点×3＝15点）

ⓐ くはへて
ⓑ かるがゆゑ
ⓒ かうむる

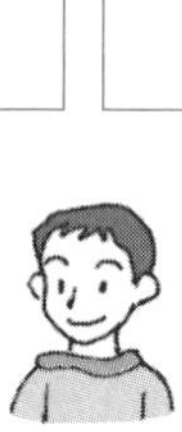

(2) ——線①・②は、それぞれ次のどれを指しますか。合うものを選び、記号で答えなさい。（各10点×2＝20点）

ア 犬がくわえている肉
イ 水に映っている肉

① 
② 

(3) ——線③「天罰《てんばつ》を受ける」のは、誰《だれ》ですか。現代語訳の中から七字で書き抜《ぬ》きなさい。（10点）

(4) この文章では、どんなことを述べようとしているのですか。最も適切なものを次から選び、記号で答えなさい。（10点）

ア 水に映った物は、実物より大きく見えるものだ。
イ 欲深く他人の物をほしがると、自分の物も失ってしまう。
ウ 物の大きい小さいは、思いこみによることが多い。

## 2 次の古文と現代語訳を読んで、下の問いに答えなさい。

現れた菩薩《ぼさつ》が本物かどうかを確かめようとした猟師《りょうし》が、菩薩に弓を射《い》てみると、胸の辺りに当たったようであり、音をとどろかせながら、菩薩は谷のほうへと逃《に》げて行った。

聖《ひじり》、

「これはいかにⓐしたまへるぞ。」

と言ひ、泣き惑《まど》ふこと限りなし。男、申しけるは、

「聖の目にこそ見えたまはめ、我《わ》が罪深き者の目に見えたまへば、ⓑ試みたてまつらむと思ひて射つるなり。まことの仏ならば、①よも矢は立ちたまはじ。②されば ③あやしきものなり。」

と言いけり。

夜明けて血をとめて行きて見ければ、一町ばかり行きて、谷の底に、大なる狸《たぬき》の胸よりとがり矢を射通されて、死にて伏《ふ》せりけり。

《現代語訳》
聖は、「これは（菩薩は）どうなさってしまったのか。」と言って、泣きうろたえることこの上ない。男（＝猟師）が申すには、「聖の目には（菩薩は）姿を見せられましょうが、しかし、私のように罪深い者の目に姿をお見せになったので、試み申そうと思って射たのです。本当の仏ならば、決して矢はお当たりになるまい。だから（あの普賢《ふげん》菩薩は）怪《あや》しいものです。」と言ったそうだ。
夜が明けて血の跡《あと》をたどって行ってみたら、一町（＝約一〇九メートル）ほど行った谷底に、大きな狸が胸からとがり矢（＝大型の矢じりを付けた矢）を射通されて、死んで倒《たお》れていたそうだ。

［　］部分要約　（「宇治拾遺物語」より）

(1) 〰〰線ⓐ・ⓑを現代仮名遣《かなづか》いに直し、すべてひらがなで書きなさい。（各5点×2＝10点）

ⓐ したまへるぞ

ⓑ 試《こころ》みたてまつらむ

(2) ——線①「よも」、②「されば」の意味を、現代語訳の中から書き抜《ぬ》きなさい。（各5点×2＝10点）

①

②

(3) 男（猟師《りょうし》）が、普賢菩薩《ふげんぼさつ》を——線③「あやしきものなり」と思った理由を次から選び、記号で答えなさい。（10点）

ア 本当の仏なら矢は当たらないはずなのに、当たったから。
イ 本当の仏なら姿が見えるはずなのに、見えなかったから。
ウ 本当の仏なら逃《に》げないはずなのに、逃げていったから。

(4) 上の文章の内容としてあてはまらないものを次から一つ選び、記号で答えなさい。（15点）

ア 男が矢を射たことで、狸《たぬき》が菩薩に化けていたとわかった。
イ 男は、自分に菩薩の姿が見えるのは変だと思った。
ウ 聖《ひじり》は菩薩の本当の正体を初めから知っていた。

## 完成問題②

得点　　／100点

学習日　　／　　日

**1** 次の文章を読んで、下の問いに答えなさい。

〔かぐや姫《ひめ》は月からの迎《むか》えに導かれて、月へ帰っていってしまった。〕

翁《おきな》・嫗《おうな》、血の涙《なみだ》を流して惑《まど》へど、
取り乱したが、
かひなし。あの書き置きし文《ふみ》を読み
どうにもならない。例の（かぐや姫が）書き置いた手紙を読み
聞かせけれど、
聞かせたが、
「何せむにか、①命も惜《を》しからむ。た
（今さら）何をしようとするために、命も惜しいだろうか。
がためにか。何事も用なし。」
だれのために。　何もかもがむだである。
とて、薬も食はず、やがて起きも上
飲まず、　そのまま
がらで、病み伏《ふ》せり。
病の床《とこ》に伏していた。

中将、人々引き具して帰りまゐりて、かぐや姫をえ戦ひ止め
従えていた人々を引き連れて（帝《みかど》の所へ）帰り参上して、（天人と）戦ってかぐや姫を引き止め
ずなりぬること、細々《こまごま》と②奏す。薬のつぼに御文《おんふみ》添《そ》へ、ⓐまゐらす。
ることができなくなってしまったことを、（帝に）くわしく申しあげる。御手紙を添えて、（帝に）さし上げる。
広げてご覧じて、いとⓑいたくあはれがらせたまひて物もきこし
（帝はお手紙を）広げてご覧になって、ひどくお悲しみになって　めし上がら
めさず。御《おん》遊びなどもなかりけり。
ない。音楽のもよおしなども

〔　〕部分要約

（「竹取物語」より）

(1) ～～線ⓐ・ⓑを現代仮名遣《かなづか》いに直しなさい。（各5点×2＝10点）

ⓐ まゐらす　［　　］

ⓑ あはれがらせたまひて　［　　］

(2) ――線①「命も惜《を》しからむ（＝命も惜《お》しいだろうか）」は、どんな気持ちを表していますか。最も適切なものを次から選び、記号で答えなさい。（10点）

ア 本当は命が惜しくてたまらない。

イ 命など惜しくはない。

ウ 命が惜しくなるかもしれない。

［　　］

(3) ――線②「奏す（＝くわしく申しあげる）」とありますが、誰《だれ》が、誰に、くわしく申しあげたのですか。行間の現代語訳を参考にして答えなさい。（各10点×2＝20点）

誰が…〔　　〕が　誰に…〔　　〕に

(4) この文章で描《えが》かれているのは、どんなことですか。最も適切なものを次から選び、記号で答えなさい。（10点）

ア かぐや姫《ひめ》を失った翁《おきな》や嫗《おうな》、帝《みかど》の悲しみ。

イ 帝の軍隊が天人たちと勇ましく戦った様子。

ウ 月の世界に帰っていくかぐや姫の悲しみ。

［　　］

## 2 次の文章を読んで、下の問いに答えなさい。

楚《そ》の国に祭礼をつかさどる神官がいた。その家来たちに大杯《たいはい》に入った酒をふるまった。家来たちは相談して言った。

「数人にて①之《これ》を飲まば足らず、一人にて之を飲めば余り有り。請《こ》ふ、地に画《えが》きて蛇《へび》を為《つく》り、先《ま》づ②成る者酒を③飲まん。」と。

（数人でこれを飲むのなら足りなく、一人でこれを飲めば余りが出る。地面に蛇の絵を描《か》いて、最初に描き終えた者が酒を飲むことにしよう。）

家来の中の一人が蛇を描き終えた。酒を引き寄せて飲もうとした。そこで、ⓐその者は左手に盃《さかずき》を持ち、右手で蛇を描きながら言った。

「ⓑ吾《われ》能《よ》く④為ラン二之ガ足ヲ一。」

（私は足を描くことができる。）

その足がまだ描き終わらないうちに、他の一人が蛇を描き終えた。ⓒその者が、初めに描き終えた男の盃を奪《うば》って言った。

「蛇は固《もと》より足無し。ⓓ子《し》安《いづ》くんぞ能く之が足を為らん。」と。

（蛇にもともと足はない。あなたはどうして蛇に足を描けるのか。）

そうして、その酒を飲んだ。蛇の足を描いた男は、とうとうその酒を飲みそこねてしまった。

（「戦国策」より）

---

(1) ――線①「之《これ》」とは、何を指していますか。――線①の前の文章中から七字で書き抜《ぬ》きなさい。（10点）

□□□□□□□

(2) ――線②「成る者」とは、どんな者ですか。□にあてはまる言葉をあとの（　）の現代語訳から書き抜きなさい。（各5点×2＝10点）

〔最初に□□□を□□□□□者〕

(3) ――線③「飲まん」とは、どんな意味ですか。最も適切なものを次から選び、記号で答えなさい。（10点）

ア 飲まないことにしよう　イ 飲むことにしよう

ウ 飲みたいにちがいない

□

(4) ――線④「為《つく》ラン二之《これ》ガ足ヲ一。」を書き下し文に直しなさい。（10点）

〔訓読文〕為ラン二之ガ足ヲ一。 → 〔書き下し文〕〔之《これ》が□□為《つく》らん。〕

(5) ――線ⓐ～ⓓの中で、他と異なる人物を指しているものを一つ選び、記号で答えなさい。（10点）

□

### 書いてみよう

「蛇足《だそく》」は、〝よけいなこと〟の意味だね。きみが「蛇足」と感じることを七十字程度で書いてみよう。

# 「中学基礎100」アプリ テスト前 5科4択 で，
# スキマ時間にもテスト対策！

**問題集**

日常学習
テスト1週間前

『中学基礎がため100％』
シリーズに取り組む！

**アプリ**

定期テスト直前！

テスト必出問題を
「4択問題アプリ」で
チェック！

## アプリの特長

『中学基礎がため100％』の
5教科各単元に
それぞれ対応したコンテンツ！
＊ご購入の問題集に対応した
コンテンツのみ使用できます。

テストに出る重要問題を
4択問題でサクサク復習！

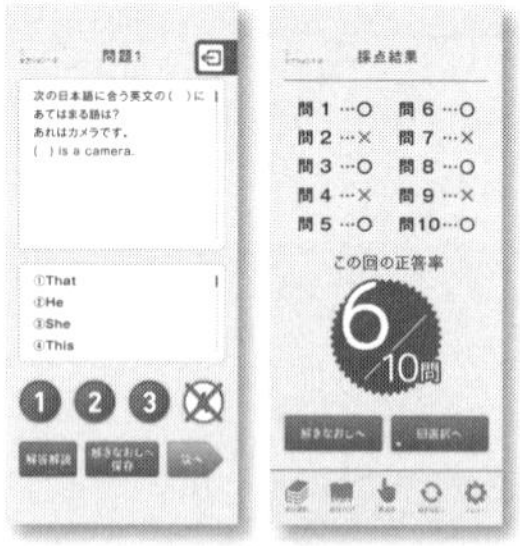


間違えた問題は「解きなおし」で，
何度でもチャレンジ。
テストまでに100点にしよう！

＊アプリのダウンロード方法は，本書のカバーそで（表紙を開いたところ），または1ページ目をご参照ください。


中学基礎がため100％

**できた！ 中1国語
読解**

2021年2月　第1版第1刷発行
2024年7月　第1版第8刷発行

発行人／志村直人
発行所／株式会社くもん出版
〒141-8488
東京都品川区東五反田2-10-2 東五反田スクエア11F
☎ 代表　03(6836)0301
編集直通　03(6836)0317
営業直通　03(6836)0305

印刷・製本／共同印刷株式会社

デザイン／佐藤亜沙美(サトウサンカイ)
カバーイラスト／いつか
本文イラスト／藤田ひおこ
本文デザイン／山内道代(京田クリエーション)
編集協力／株式会社エイティエイト




ISBN 978-4-7743-3115-7



CD57512
くもん出版ホームページ　https://www.kumonshuppan.com/
＊本書は『くもんの中学基礎がため100％　中1国語　読解編』を
改題し，新しい内容を加えて編集しました。

# 知っておきたい故事成語

## 圧巻《あっかん》

**意味** 書物や催《もよお》し物の中で、最も優《すぐ》れた部分やもののこと。

**故事** 昔、中国の官吏登用試験《かんりとうようしけん》（役人の採用試験）で、最も優れた答案（＝巻）を、他の答案の上に載《の》せた（＝圧《お》した）ことによる。

**用例** 日本の古典文学の中では、「源氏《げんじ》物語」が圧巻である。

## 羹《あつもの》に懲《こ》りて膾《なます》を吹《ふ》く

**意味** 失敗に懲《こ》りて、必要以上の用心をすること。

**故事** 熱い吸い物（＝羹）をいきなりすすってやけどをした者が、冷たい料理（＝膾）まで吹いてさまそうとすることによる。

**用例** 目覚まし時計が故障していたために寝坊《ねぼう》をしたことがある。それ以来、目覚まし時計を三つは準備しているが、友達には「羹に懲りて膾を吹くだ」と言われる。

## 石《いし》に漱《くちすす》ぎ流《なが》れに枕《まくら》す

**意味** 負けおしみが強いこと。言いのがれをすること。

**故事** 孫楚《そんそ》という人が「石に枕し流れに漱ぐ」を「石に漱ぎ流れに枕す」と言い誤ったのをとがめられ、「石に漱ぐは歯を磨《みが》くこと、流れに枕すは耳を洗うこと」とこじつけたことによる。

**補足** 夏目漱石《なつめそうせき》は、この故事からペンネームをつけた。

## 臥薪嘗胆《がしんしょうたん》

**意味** かたきを討《う》ったり、目的を成し遂《と》げるために、苦心・苦労を重ねること。

**故事** 呉王《ごおう》の夫差《ふさ》は、父のかたきを越王勾践《えつおうこうせん》に討つため、薪《たきぎ》の上に寝て（＝臥）復讐《ふくしゅう》心を忘れず、ついに降伏《こうふく》させた。一方、敗れた勾践はにがい胆《きも》を嘗《な》めて恥《はじ》を忘れず、苦心の末に夫差を破ったという話による。

**用例** 失敗の悔《くや》しさを忘れず、臥薪嘗胆をしてもう一度挑戦《ちょうせん》しよう。

## 画竜点睛《がりょうてんせい》

**意味** 物事を完成させるための大事な最後の仕上げ。

**故事** 絵の名人、張僧繇《ちょうそうよう》が壁《かべ》に竜《りゅう》の絵を描《えが》き、最後に睛《ひとみ》を描《か》きこんだところ、その竜がたちまち天にのぼったという話による。

**補足** 「睛」を「晴」という字と誤りやすい。「画竜点睛を欠く」という言い方をすることが多い。

## 杞憂《きゆう》

**意味** よけいな心配をすること。

**故事** 昔、杞《き》の国のある人が、天が落ち、地がくずれたらどうしようかと心配して、寝《ね》ることも食べることもできなかったという話による。

➡ていねいに引っぱってください。別冊解答になります。

中学基礎がため100%

# できた！中1国語

## 読解

別冊

## 解答と解説

・難しい問題には解説がついています。よく読みましょう。
・例は、自分で言葉を考えて書く問題の解答例です。
同じような意味であれば、解答と全く同じ答えでなくても正解です。
・別解は、（　）の中に示してあります。（　）の中の答えでも正解です。

KUMON

## 一章 説明文 1 指示語 基本問題①

P.4

1 確認

★ 赤いさいふ

(1) 花びん　花

(2) 贈り物

(3) 読書感想文

(4) 去年買ったグローブ

P.5

2

1

(1) 遊園地

(2) 公園

(3) 多くの文物

(4) 小さな空き地

(5) 家族でスキーに行った

2

(1) 伊豆の島

(2) 赤い服を着た男の子

(3) おじさん　京都

解説　このように、指示語が前ではなくあとの言葉を指し示すこともあるので、注意しよう。

(4) 駅

(5) 雪をかぶった山

(6) フランス

## 一章 説明文 1 指示語 基本問題②

P.6

1

1

(1) 公園の掃除を毎朝している

(2) 学校のすぐそば　小さな沼

(3) 青く輝く宝石

2

(1) 紫色のつり舟のような花

(2) 今度の試験で六十点以下の人は再試験をする

(3) とてもすてきなスポーツマンタイプの人

P.7

2

1

(1) ガソリンで走る自動車が姿を消す

(2) 毎日合唱コンクールの練習

(3) やる気がないのなら辞めてしまえ

解説　「ああいうこと」は言った内容を指している。

2

(1) キツネやタヌキやシカ

(2) 一組が優勝

(3) (前者) 英語を学びたいという人

(後者) 中国語を学びたいという人

## 一章 説明文 1 指示語 基本問題③

P.8

1

1 鉱物

2 広く一般の人たちでも手に入るような器も作る

3 東京都東久留米市自由学園における鳥類の調査記録

4 微生物　黒い湿った土

P.9

2

1 体重の約四〇パーセントを占める

2 動物の生息地

3 山梨県の西湖で捕れたという黒いマス

解説　「この黒いマス」とあるので、「黒いマス」について書かれたところを前の部分から探す。答えを「この黒いマス」にあてはめて、文意が通るか確かめよう。

4 ハエ　蜜を求めて移動

## 一章 説明文 1 指示語 標準問題

P.10

1

(1) 石油　石炭　天然ガス（順不同）

(2) 昔の生き物〜してできた

(3) 化石燃料

(4) ウ

解説 ほかの例として「森林資源の無計画な利用」があげられていることから考えよう。

P.11

2

(1) 説明をしたり、意見や考えを述べたり、いろいろな場で発言した

（「説明をしたり、意見や考えを述べたり、」の部分は入れなくても正解。）

(2) イ

解説 あとの「話し方が速すぎるか、遅《おそ》すぎるか」の結果として起こることが、「これ」の内容に含《ふく》まれる。

(3) 話は、速さ

(4) いちばん理解しやすい速さ

(5) 例えば、あ

## 一章 説明文 2 接続語 基本問題①

P.12

確認

★

(1) 風邪をひいた

(2) 元気だ

P.13

1

① イ

② ア

③ ア

④ イ

解説 「道路情報」と同じように伝えられるもので、別の「情報」なので、「天気予報」が適切。

2

① イ

② ア

③ ウ

④ イ

## 一章 説明文 2 接続語 基本問題②

P.14

1

① ちょっと立ち止まって　見方

② 年かさ　聞き取れない

P.15

2

① (1) 人類　地球全体の資源

(2) ウ

② (1) 呼吸　排せつ

(2) イ

## 一章 説明文 2 接続語 基本問題③

P.16

1

① ア

② イ

2

① イ

P.17

❷ ア
❸ ウ

解説 前の「見渡《みわた》すかぎりクロマツの針葉樹林」と、あとの「襟裳《えりも》砂漠《さばく》」は対照的な景観なので、逆接の接続語が入る。

❹ ウ

3
A エ
B ア
C ウ

## 一章 説明文 ❷ 接続語 標準問題

P.18

1
(1) ウ
(2) イ
(3) ① 慣れ ② イ

P.19

2
(1) A ウ
B イ
(2) 大凶作 田沢湖 食料の増産
(3) Ⅱ

解説 〔　〕の中の文は、逆接の働きの「しかし」で始まっており、玉《たま》川の水は田沢《たざわ》湖に引き入れられたという内容なので、それとは食い違《ちが》う〝酸性の（玉川の）水は田沢湖の生物に打撃《だげき》を与《あた》える〟という内容のⅡの直後に入れるのが適切。

## 一章 説明文 ❸ 内容の理解 基本問題①

P.20

確認
★ A ア
B イ

P.21

1
A 自然破壊
B 地球の回復能力

2
(1) 起承転結 緩急 強弱 ゆっくり 速く
（「緩急」と「強弱」は順不同）

解説 「話の表情」の直前の「そのこと」とは、「人間の話には、……なるのが普通《ふつう》です。」までを指しているので、この部分に注目する。

(2) 表情

3
（腐植土） 水を吸ったスポンジ
（森林） 緑のダム

## 一章 説明文 ❸ 内容の理解 基本問題②

P.22

1 イ

2
(1) 生息地の環境 習性や行動

解説 □の前後の言葉に着目する。

(2) アメリカ

P.23

3
(1) ① 港に続く狭い谷間 ② 平地の終わった山裾
(2) ウ

解説 □の前の「厳しい」に注目して同じようなこ

とが書かれている部分を探すと、漁村の説明の部分で、「厳しい自然」という言葉が見つかる。□の前でも、「厳しい自然」と戦いながら、協力し合って働く人々について説明されている。

**4**
(1) これまでの動物園の展示
(2) 生態的展示

## 一章 説明文 ③ 内容の理解 標準問題

P.24 **1**
(1) 水分を補給する

解説 ——線①を含《ふく》む段落の最後の文に注目する。水分をとらないまま激しい運動をすると、体調が悪くなり、命にもかかわるので、水分を補給する必要があるのである。

(2) ① ア ② やがて
(3) イ

解説 「常識」という言葉に注目して、最後の段落を読み取る。

P.25 **2**
(1) 二酸化炭素

解説 「副産物」とは、目的の物を作ろうとする過程で得られる別の産物のこと。

(2) ① かけぶとん ② 温室のガラス
(3) ① 太陽から来た熱　地球の温度
② 気候　氷河　海面

## 一章 説明文 ④ 段落の要点と文章構成 基本問題①

P.26 確認 ★
(1) イ
(2) 習慣化すべき
(3) イ

解説 「『読書力』は日本の地力だからだ」に、理由や根拠《こんきょ》を示す「から」という表現が使われていることに着目する。

P.27 **1**
(1段落) 障害のある人
(2段落) 目的

**2**
(1段落) 分解
(2段落) 脂肪

## 一章 説明文 ④ 段落の要点と文章構成 基本問題②

P.28 **1**
(1段落) 腐植土
(2段落) 緑のダム
(3段落) 調整作用　変動

P.29 **2**
(1段落) ハナバチ
(2段落) 浅い場所
(3段落) 蜜をなめる　花の形

## 一章 説明文 4 段落の要点と文章構成 基本問題③

P.30 **1**

(1) 白い部分　器官

(2) ウ

(3) つまり、ダイコンの白い部分は、根と胚軸の二つの器官から成っているのです。

解説 [1]段落で問いかけている疑問にはっきり答えている文に注目する。

P.31 **2**

(1) イ

(2) 発想の転換

(3) ア

解説 [1]・[2]段落で、電子レンジの加熱を例にあげて、発想の転換《てんかん》について説明し、[3]段落で、筆者の考えをまとめている。

## 一章 説明文 4 段落の要点と文章構成 標準問題

P.32 **1**

(1) 修復記録の蓄積

(2) ア

(3) 絵　文字

P.33 **2**

(1) 流氷の面積

(2) ア

(3) イ

(4) ([1] [2]) ([3]) ([4])

解説 [4]段落では、流氷の減少の原因が人類にもあることをふまえ、流氷の減少についての筆者の考えをまとめている。

## 一章 説明文 5 筆者の意見と要旨 基本問題①

P.34 **確認**

★

(1) 流氷

(2) 減少

(3) 観察　地球

P.35 **1**

❶ この展示は

❷ 創造的な生

**2**

(1) 言葉を習う能力　母語

(2) 読み書き

(3) 豊かな生活

解説 筆者は、子どもが言葉をどのように習うか、また、日本で生活する人は日本語を母語とする場合が多いと述べ、日本語を習うことの意義を伝えている。

## 一章 説明文 5 筆者の意見と要旨 基本問題②

P.36 **1**

❶ 集まって住む　楽しさ

❷ すべての人　自分らしさ

P.37 **2**

❶ ア

解説 文章の最初に「江戸切子《えどきりこ》は……ほろびなかった。なぜか。」とあり、筆者は、江戸切子の「大量に安く作る技術」を評価している。

2 イ

## 一章 説明文 5 筆者の意見と要旨 基本問題③

P.38 1
(1) 自然の資源　新製品
(2) イ
(3) 地球全体　地球の将来
解説 文末に注目し、筆者の意見をとらえる。

P.39 2
(1) その選手が
(2) ウ
(3) 言葉　分析　成長
解説 最初の二つの段落で、スポーツ選手が言葉でうまく自己表現できない場合について例をあげながら述べ、最後の段落で、言葉で表現することの大切さを述べている。最後の段落を中心に要旨《ようし》をとらえる。

## 一章 説明文 5 筆者の意見と要旨 標準問題

P.40 1
(1) 特に十九世
(2) ・人口　・自然
(3) ア
解説 筆者は考えるべき「難しい問題」として、「人類が地球という……いいのだろうか」と、読者にも問いかけている。

P.41 2
(1) 時代や価値観の変化
(2) 新しい事実　価値観の変化
(3) ア
解説 1段落でこんにゃくの例、2・3段落で環境《かんきょう》問題の例について説明し、4段落の「このように」のあとで、その例を通して伝えたい考えを述べています。
(4) それにはま
解説 5段落で「どのように物事と向き合ったらいいのでしょうか。」と問いかけたあとに、次の6段落で、筆者が大切だと思うことを述べています。

## 一章 説明文 たしかめよう 完成問題①

P.42
(1) ウ
解説 「白い歯」が見えるのは笑顔《えがお》。
(2) ① イ　② 垣根
解説 「幕が……落とされた」「垣根《かきね》が……開けた」は、対《つい》になって筆者の状況《じょうきょう》をたとえている。

P.43
(3) ア
(4) 1段落 ウ　2段落 イ　3段落 エ　4段落 オ　5段落 ア
(5) 言葉こそ
解説 文章全体の内容をふまえて考える。この文章では、筆者が現地の言葉を覚えて使ったことで、心の交流ができた喜びが中心に描《えが》かれている。つまり、言葉が人と人との心を通わせることを述べた部分が筆者の考えの中心である。

**書いてみよう**

例 試合前に自信をなくしたとき、友達の「マイペースでやれ！」という言葉を聞いて精一杯《せいいっぱい》プレーできたことがあった。その言葉は今も私を励《はげ》ましてくれる。（七十字）

## 一章 説明文 たしかめよう 完成問題②

P.44

(1) A イ　B ア　C オ

解説 それぞれ、接続語の前後の関係をとらえる。Aは、前の「利用できない」とあとの方の「取りこむことが可能になる」は、鉄に関する反対の立場を述べている。Bは、前の「日本各地で現実化している」ということを受けて、あとにその問題に対処している例をあげている。Cは、前の「五十年間……」にあとで条件を付け加えている。

(2) 有機物質　鉄

(3) ① 森林の腐植土から流れてくる物質

解説 ――線②が「沿岸部の植物プランクトンを育てている」ものであることに注意して十五字の言葉を探す。

② 窒素・リン・ケイ素・鉄（順不同）

P.45

(4) 植林

解説 4段落に「例えば気仙沼《けせんぬま》の漁民のように……植林を始めている所もある」と述べられている。

(5) Ⅰ 植物プランクトン　Ⅱ 森

(6) ウ

解説 1・2・3段落は、海藻《かいそう》や植物プランクトンを育てることについて、4・5段落は、海の生物と森との密接な関係について、6段落はまとめになっている。

(7) 自然界　微妙なバランス　壊さない

## 二章 小説 1 場面をとらえる 基本問題①

P.46

確認 ★ 時 夜中　場所 私の部屋　登場人物 ミコ　母　できごと 夢　うなされて

1 ① 秋の夕方　② 五月半ば　朝

P.47

2 ① (1) 海沿いの道路

(2) 例 正午

（「昼」「真昼」「昼間」などでも正解。）

解説 太陽が頭の真上にあることから「正午」と判

断できる。

② (1) 広場

(2) 例 夕方

（「日暮れ」「夕暮れ」などでも正解。）

3

(1) 茶店

(2) 花の咲いた梅

(3) ウ

## 二章 小説 ① 場面をとらえる 基本問題②

P.48

1

① 彼 待ちぶせ

② 車 修理

2

（いつ） 夜中

（誰が） 三吉

（何を） 名前

P.49

3

(1) ① すきとおった

② 秋

解説 ふつう、山の栗《くり》の実が落ちるのは秋である。

(2) 栗の木 やまねこ

解説 栗の木に話しかけている一郎《いちろう》の言葉に注目する。

4

(1) じいっととぐろを巻いて、息を殺しておる

解説 「じいっと、とぐろを巻いて、息を殺している」も同意だが、二十字になるので正解ではない。

(2) 鼻先 ひげ 深呼吸

## 二章 小説 ① 場面をとらえる 基本問題③

P.50

1

(1) ① 赤毛の巡査 広場

② 人影ひとつ見当たらぬ

(2) ① のりの効い

② 例 犬を追いかけている。

解説 最後の一文「男は犬を追いかけ……」から男の行動をまとめる。

P.51

2

(1) （人物） マキ （動物） カモメ

(2) A 海 ひざからもも

B 海 おへそ

(3) A 向こうの島 カモメ

B 麦わら帽子

(4) はばたかせた

## 二章 小説 ① 場面をとらえる 標準問題

P.52

1

(1) 吹雪 山の中

(2) 気を失って 岩倉のおじさん

(3) 助かった

解説 直前に「助かった、と思った。そう思うと」とある。

(4) 暗い空が

解説 「鳴り」「きしむ」などの音を伴《ともな》う表現に着目する。

P.53

2

(1) 翌日も彼は同じ

(2) 肩から新聞をぶら下げた少年
一軒一軒の家　新聞

(3) 彼目がけて石を投げつけた

解説　直後の一文に書かれている。

(4) にらみつけ　にげよう

## 二章 小説 2 心情を読み取る　基本問題①

P.54

確認 ★ さっぱりした

1
(1) イ
(2) 慌てて

P.55

2
(1) せいせいした
(2) ・疲れた　・うれしい

3
(1) 悲しみ・恐怖（順不同）
(2) ア

解説　「この騒《さわ》ぎの張本人」とは、「白いボルゾイの子犬」のこと。この犬の気持ち（「悲しみと恐怖《きょうふ》」）が表れている様子を選ぶ。

## 二章 小説 2 心情を読み取る　基本問題②

P.56

1
① ウ
② ア

2
① ウ
② イ

解説　「対峙《たいじ》」は、競《きそ》うようにして向かい合って立っている様子を表す。「鋭《するど》い目をした」からも、二人の間の緊張感《きんちょうかん》がうかがえる。

P.57

3
① ウ
② イ

4
(1) トロッコ　土工たち
(2) ひやりとした

## 二章 小説 2 心情を読み取る　基本問題③

P.58

1
① なんだか〜うような
② カモメが〜くなった

2
(1) しんどい
(2) よっぽど投

P.59

3
① イ

解説　「雲一つない」は、晴れ渡《わた》っている様子で、心にもいやな思いがなくさっぱりしている状態を表していると考えられる。

② 小島は海におぼれ始める。

4
(1) ウ
(2) 遠く来すぎたこと

## 二章 小説 2 心情を読み取る　標準問題

P.60

1
(1) イ

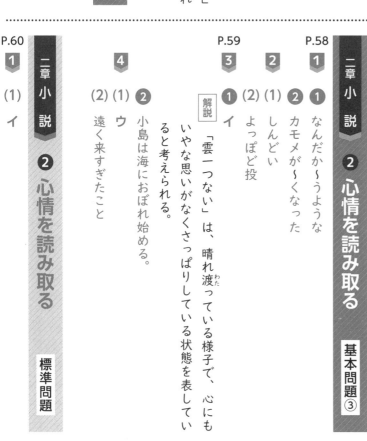

(2) 早く終われ・いつまでも来るな（順不同）

解説 徒競走が「早く終われ」と思う一方、「いつまでも来るな」と、つじつまの合わない二つの願いをいだいている。

(3) むなしい期待

(4) ウ

P.61

2

(1) とうてい人に好かれるたちでない

(2) 不思議・不審

解説 「不審《ふしん》」とは、疑問に思うこと。

(3) 爪弾きをする

(4) 例 おせじがきらいである

（「おせじがきらいな」「おせじはきらいだと答える」などでも正解。）

解説 「それ」が指す内容を直前の文から考える。

## 二章 小説 3 人物像をつかむ 基本問題①

P.62

確認

★ 男(私)の年齢 十八

ジミー＝ウェルズの年齢 二十

ジミーの性格 気のいい男

二人の関係 仲良し

P.63

1

① 猫のような耳 ぼやぼや 灰いろ

② 声変わり 大人びて

2

(額) ウ (眉) カ

(目) ア (鼻) エ

(ロ) イ (顎) オ

3

弱虫

解説 「……のくせに」とあるので、「くりを盗《ぬす》みに来る」ことに反する内容が入る。

4

イ

## 二章 小説 3 人物像をつかむ 基本問題②

P.64

1

走るのが遅い クラス トップ 足の持ち主

2

(1) 弟子入り 五 口うるさい

(2) ア

解説 二文めに「一人前になるには、もう七、八年かかる。」とある。「半人前」とは、まだ一人できちんとした仕事ができない者のこと。

P.65

3

① (1) ウ

解説 あとの「あるとき将棋《しょうぎ》を……冷やかした。」の文から、兄のずるい性格がわかる。

(2) 十日に一ぺ

② (1) イ

(2) イ・エ（順不同）

解説 好意的な家族の様子に、ほっとしている。

## 二章 小説 3 人物像をつかむ 基本問題③

P.66

1

① 考えこむタイプ

② 気が弱い（「気の弱い」でも正解。）

P.67

**2** (1) 親譲りの無鉄砲

解説 「無鉄砲《むてっぽう》」とは、深く考えないで無茶をすること。

(2) イ

解説 「我慢《がまん》強い」は、忍耐《にんたい》力があること。父に弱味を見せるのが嫌《いや》なことから「負けず嫌《ぎら》い」とわかる。

**3** イ

解説 オチュメーロフは、狂犬《きょうけん》と決めつけて直ちに撲殺《ぼくさつ》するように言っていた犬が、ジガーロフ将軍のところの犬だとわかった途端《とたん》に、犬をかばい始めている。

**4** ウ

## 二章 小説 3 人物像をつかむ 標準問題

P.68

**1** (1) ぐいと寄せた太い　天狗のように　たくましい
引き結んだ大きな　日に焼けて

(2) なんとも滑稽でおかしな顔

(3) ウ

解説 文吉《ぶんきち》は、ぬすっとの「恐《おそ》ろしい顔」を表向きのものとして、「なんとも滑稽《こっけい》でおかしな顔」を隠《かく》されたものとしてとらえている。

P.69

**2** (1) 背　古い印ばんてん
季節外れの麦わら帽

(2) 親しみやすい

(3) この人たちならば叱られない

(4) イ

解説 子供だから乗ってはいけないと言われたり、「驚《おどろ》かそう」としたりはしていない。

## 二章 小説 4 表現に注意する 基本問題①

P.70

確認 ★
直喩法 馬　風
隠喩法 遊び　勉強
擬人法 風　ささやく

**1** 犬　気がたって　火のつくように

**2** イ

解説 「黒山の」は、人間が大勢集まっている様子を表すときに使う。

P.71

**3** 十三湖　人に捨てられた孤独の水たまり

**4** 獄門台　露と消えよう

解説 ぬすっとは自分の命を「露《つゆ》」にたとえて、処刑《しょけい》されて自分の命が絶えることを「露と消えようとも」と言っている。

**5** (1) 声もなく

(2) ア

## 二章 小説 4 表現に注意する 基本問題②

P.72

**1** イ

**2** 不公平

P.73

**3** 毛布　うつむけ（「うつ向け」でも正解。）倒れておいで

解説　普通《ふつう》の語順だと「世の中って、不公平だ。」になる。

**4** (1) イ

解説　筒《つつ》のような形をして花びらの先のほうが五つに分かれているりんどうの花を、「コップ」にたとえている。

**5** (2) ア
① イ
② オ
③ エ

## 二章 小説 ❹ 表現に注意する　標準問題

P.74

**1** (1) 嵐　花火
(2) ⓐ・ⓒ（順不同）
(3) 汽車
(4) イ

解説　象のオツベルに対する怒《いか》りの激しさや、それが爆《ばく》発《はつ》する様子を火山にたとえて、「一度に噴火《ふんか》した」と表現している。隠喩法《いんゆほう》は、何かを暗示してたとえる表現技法で、ここでは、象の怒りの強さを暗示している。

P.75

**2** (1) どでかい穴　なま暖かい空気
(2) ① エ
② ア

(3) ① 三太郎　ひげ
② 隠喩（「暗喩」「比喩」でも正解。）

解説　「…ような」を使わずに、「三太郎のひげ」を「うなぎ」にたとえている。

(4) 山をふた巻き

## 二章 小説 ❺ 主題をとらえる　基本問題①

P.76

確認 ★ ア

P.77

**1** ウ

**2** ❶ 殺し合い　百年　車

解説　「殺し合い」ばかりで何も作り出さない「侍《さむらい》」と、「百年もの間」使われ続ける「車」を作り出せる「車大工《くるまだいく》」である自分の立場を比較《ひかく》し、親方は誇《ほこ》りを感じている。

❷ 許しておけない　にらみつけて　恐ろしい顔

## 二章 小説 ❺ 主題をとらえる　基本問題②

P.78

**1** (1) ボブ　約束の場所　手配
(2) ① 私服刑事
② 逮捕された
(3) イ

解説　「善人」から「悪人」に変わってしまったボブをジミーは自分では逮捕《たいほ》できなかった。約束を果たしに

きたかつての親友を思う気持ちからである。

P.79 2

(1) 気まぐれ　好きなよう

(2) ウ

(3) イ

解説 「私」の「今度から……」「お前の好きなように……」という息子《むすこ》の自主性を尊重した提案を、岳《がく》は受け入れている。

(4) イ

## 二章 小説 5 主題をとらえる 標準問題

P.80 1

(1) イ

(2) イ

(3) 片方の目　僕　あーちゃん

解説 「片方の目が塞《ふさ》がれたことで……始めていたのだ。」から、「僕《ぼく》」がけがをした「片方の目」に眼帯を着けて過ごすという経験を通して、片足が不自由な「あーちゃん」の思いに少し近づけた様子が想像できる。

P.81 2

(1) イ

(2) 自然　手　彼の体

(3) ア

(4) ウ

解説 「彼《かれ》がハンディを……みじんもなかった」「僕の手は……差し出されて」から、「僕」と「あーちゃん」が友達として交流を深めていく様子が読み取れる。

## 二章 小説 たしかめよう 完成問題①

P.82

(1) ウ

(2) A ウ　B イ

(3) イ

解説 普通《ふつう》ならば「駄菓子《だがし》」をもらえればうれしいはずであるが、このときの良平は、自分が早く帰りたいと思っているのに茶店でのんきに休んでいる土工《どこう》たちにいらいらしていた。それが「冷淡《れいたん》さ」となって出てしまったのである。

P.83

(4) 日が暮れる

(5) イ

解説 土工の「俺《おれ》たちは今日は向こう泊《ど》まりだから。」という言葉を聞き、良平《りょうへい》は、行くところまで行き着いたのちに土工といっしょに帰れると思っていた自分の思いが裏切られたことを知って、ショックを受けている。

(6) 暗く　道　たった一人　歩いて

書いてみよう

例 「泣いている場合ではない」と、一人で帰ろうと覚悟《かくご》を決めている様子から、良平はかなりしっかり者で前向きな性格だと思う。（五十八字）

P.84

二章 小説

# たしかめよう 完成問題②

(1) A イ B ウ C ア

解説 A夜遅《おそ》くに話しかけるときの声である。B直前の口調からわかる。

(2) イ

(3) 自分のことしか

P.85

(4) ア

解説 あとで「よけるのは母ちゃんに悪い気がした」と考えていることに着目する。自分が悪いことをしたことに怒《おこ》ってくれる母の気持ちを、まっすぐ受け止めているのである。

(5) ア・イ（順不同）

解説 母親の言動に着目して人物像をとらえる。「おまえがいなくなったことがわかったら、……街の中を捜《さが》し回るかもしれんだろ、この夜中に。そんなこともわからんのか」、「自分で考えれ」とある。また、母親は、怒りながらも、腹をすかせた息子《むすこ》にご飯を腹いっぱい食べさせようとしている。

P.86

三章 随筆

# 筆者の体験や思いを読み取る 基本問題①

確認 ★

体験 宇宙飛行士

表現 糸 ガラス玉 胸

筆者の思い もろい

---

三章 随筆

# 筆者の体験や思いを読み取る 基本問題②

P.87

1

(1) 巨大な蜃気楼

(2) 悲しい目だ

(3) 遺影

2

(1) 大阪弁 混ざり気 きれい

(2) ウ

(3) そう、褒められたのだ、あのおばさんに！

3

(1) ・この世のも ・火を吐いた（順不同）

(2) ・立つ 目 ・やわらか のほほん

P.88

1

(1) 私の目はそ

(2) 突っ立って

2

(1) イ

解説 娘《むすめ》の、ほうきで「空飛ぶ練習する」という言葉に対して、おじさんは、その言葉をばかにしたりせず、娘の気持ちを受け止めて、「うちのはよく飛ぶ」と言ってくれたのである。

(2) 春を迎えた花

P.89

3

(1) 留学生 蔵王温泉

(2) イ

(3) ちっぽけな宿屋

(4) 旅館 ホテル 違い

## 三章 随筆 筆者の体験や思いを読み取る 標準問題

P.90

**1**

(1) 何も何も

(2) 相手をいたわるかけ声

解説 「ちっともかまわないんですよ。」「お気になさらないで。」といったいたわりのニュアンスがある。

(3) 頼みやす　和やかな感じ

(4) ウ

解説 「会話のクッションになるような言葉」に注目する。

P.91

**2**

(1) 心　表現　ためらい

(2) 地球人　宇宙　解き放して

(3) イ

解説 「中学生たちは、それまで心の中に閉じ込《こ》めていた思いを、次々につむぎ出していったのです。」のあとに示されている句が、中学生がつむぎ出した思いである。中学生たちは、自分たちの思いを、五・七・五の言葉で表したのである。

(4) 心がこもった　心

## 三章 随筆 たしかめよう 完成問題①

P.92

(1) しかし、人

(2) ・落書きしたような線
・空港の滑走路

(3) ウ

解説 ――線③は、「……というのだろうか。いや、そんなことはない。」という意味合いの表現。すぐあとの「最初から偉大《いだい》で驚異的《きょういてき》な賢《かしこ》さをもっていた」という部分から、現代と差がないと考えていることがわかる。

P.93

(4) 無常

(5) ア

(6) イ

解説 前半の部分で人間のすばらしさ、後半の部分で人間の愚《おろ》かしさについて述べているが、最後の段落に「深く、無常を覚えた」とあるのに注目する。

## 三章 随筆 たしかめよう 完成問題②

P.94

(1) 視力以外の感覚

(2) イ・エ（順不同）

(3) ・低い姿勢
・根　上方

解説 ――線②のすぐ後の「少し詳《くわ》しく書いてみると」で始まる段落と、その次の段落で、具体的に習ったことが説明されている。

P.95

(4) 一つ一つの～に染みつく

解説 ――線③の後で、筆者は、目が見えない人の知識の学習について、「晴眼者《せいがんしゃ》の何倍も時間がかかる」「決して能率的とは言えない」と述べた後、「でも」という接続語を使って、そのよさを説明している。

(5) 教育の積み重ね　花開く可能性

解説　最後の段落に注目して読み取る。

## 四章　詩　1 詩の種類・表現技法　基本問題①

P.96

確認 ★ 詩の種類

(1) 口語
(2) 自由
(3) 口語自由詩

詩に用いられている表現技法　描きたい

解説　繰《く》り返《かえ》している部分が強調され、作者の訴《うった》えたいことが読み手にはっきりと伝わるという効果がある。

P.97

(1) ① 文語詩

解説　第二連の「あたゝ《タ》かき」は、現代の言葉では「あたたかい」、「知らず」は「知らない」、「青し」は「青い」である。

② 定型詩

③ 五七調

解説　行の初めが五音で、続いて七音になっているものは、五七調とよばれる。

④ 文語定型詩

(2) 三

(3) 体言

解説　体言《たいげん》止めには、余韻《よいん》を感じさせて読み手に強い印象を与《あた》える効果がある。

## 四章　詩　1 詩の種類・表現技法　基本問題②

P.98

1

(1) 二

解説　一行空いているところが一か所あるので、連は二つとわかる。

(2) イ

(3) ① ウ
② はなひらく　ひを　ゆめにみて

(4) イ

解説　□のまとまりを普通《ふつう》の言葉の順に直すと、「あした　たくさんの『こんにちは』に　であうために　どこまでも　とんでいこう」などのようになる。

P.99

2

(1) 三　九　七　いちめんのなのはな　九

(2) ア

(3) イ

解説　各連の八行目を体言（名詞）で結んでいる（＝体《たい》言止《げんど》め）。また、ひばりの鳴き声を人に見立てて「ひばりのおしゃべり」と表現している（＝擬人法《ぎじんほう》）。

(4) ウ

## 四章　詩　2 詩の鑑賞　基本問題①

P.100

確認 ★

(1) 外はもうすぐ春らしい
(2) 響いている

(3) ときめかせて

(4) イ

解説 「もうすぐわたしは割れる」「まだ見たこともない山へ胸をときめかせて」に着目すると、新しい出発を控《ひか》えて、期待感を高めている様子がわかる。

P.101

(1) 五

(2) 早く　戦争

(3) ウ

(4) 街は明るくなったのだよ

解説 敵の爆撃《ばくげき》を恐《おそ》れて消されていた家や街の電灯が、戦争が終わって、つけられるようになった様子を表している。

(5) ア

四章　詩

## ② 詩の鑑賞

基本問題②

P.102

1

(1) そんなときはないか

(2) 噴水の水　一枚の落葉

解説 普通《ふつう》は、むなしくわびしく見えるものさえ、楽しそうに見えるほど、作者の気持ちがはずんでいるのである。

P.103

(3) イ

2

(1) 秋

(2) 擬人

解説 「いってしまった／『サヨナラ』のかわりに／……

---

ふりまいて」「あいさつをかわしている」などは、それぞれ夏休みや木々の葉を人に見立てた表現。

(3) 三

(4) ・迷子のセミ
・麦わら帽子
・波の音
（順不同）

(5) ア

四章　詩

## たしかめよう

完成問題①

P.104

(1) イ

(2) 四

解説 第二連の「もう夜。」も、一つの連に数える。

(3) ウ

解説 第一連の「正午」、最後の連の「匂《にお》い」「時間」が体言止《たいげんど》めになっている。最後の連には、反復法《はんぷくほう》も使われている。

P.105

(4) もう夜。

(5) イ

(6) ぼくはいったい何をした？

解説 第三連の初めの二行と倒置《とうち》する形になっている。

(7) 陽の光　汗

(8) ア

四章 詩 たしかめよう 完成問題②

P.106

(1) 口語自由詩
(2) 奈々子
(3) 酸っぱい苦労
(4) 期待 応えよう 自分 駄目

解説 第三連の「ひとが／ほかからの……知ってしまったから。」に、お父さんが――線②のように思う理由が述べられている。

(5) 愛する 世界

解説 第六連の「自分を愛する……見失ってしまう。」の「自分」と「他人」と「世界」の関係をきちんととらえよう。

P.107

(6) ウ

解説 「酸《す》っぱい思い」や「酸っぱい苦労」がふえたお父さんとお母さんは、奈々子《ななこ》に、生きていくうえで最も大切なものは何かを伝えようとしている。

(7) ・香りのよい健康
・自分を愛する心 (順不同)

書いてみよう

例 僕《ぼく》は、自分の言動にきちんと責任を持つことを大切にしたいと思っている。それが、他人を傷つけることなく自分がほかの人の役にも立てる第一歩だと思っているからである。(七十九字)

五章 古典 ① 歴史的仮名遣い 基本問題①

P.108

確認 ★
① いう
② やまぎわ
③ まいる
④ ひおけ

1
① あわす
② うちわ
③ こよい
④ まどう
⑤ なお
⑥ よわ
⑦ こわごわ
⑧ こえ
⑨ おる
⑩ いる

解説 ⑧の「ゑ」や、⑩の「ゐ」は、現代仮名遣《かなづか》いでは使われない字なので、特に注意して覚えておこう。

P.109

2
① よろず
② はじ

3
① たたかわん
② かえりなん

解説 ①の「む」、②の「なむ」に着目しよう。

4
① しょ

5
① もうで

6

② たのしゅう
③ しょうしん
① がんじつ

# 五章 古典 1 歴史的仮名遣い 基本問題②

P.110

1

(1) ① まどえど

解説 設問文に「すべてひらがなで」とあることに気をつけよう。

② かいなし

(2) ① いても
② うちわ

(3) ① うろくず
② やしないける

(4) ① うつくしゅう
② いたり

P.111

2

(1) ① ちこう
② とびいそぐさえ
③ あわれなり

(2) ① おそわるるようにて
② あいたたかわん

解説 ①は「は」を「わ」に、「やう」を「よう」に直す。
②は「ひ」を「い」に、「は」を「わ」に、「む」を「ん」に直す。それぞれ数か所ずつ直さなければならないので注意しよう。

3

① こころみてん
② おもいて
③ つがいて
④ ひょうと
⑤ ようにて
⑥ したまえるぞ
⑦ なきまどう

# 五章 古典 1 歴史的仮名遣い 標準問題

P.112

1

(1) イ

(2) ② きわめて
③ まつべえ
④ とらえ
⑤ おじい
⑥ やろう

P.113

2

(1) ① ウ やまならん
② イ おもいて
⑤ イ こたえて
⑦ ア ようなし

解説 ⑦の「やう」はア段音＋「う」なので、「よう」に直す。

(2) ③ よそおい
④ とう
⑥ いわく

解説　④の「問ふ」は「答ふ」と対《つい》になる言葉。一組にして覚えておこう。

P.114

## 五章　古典　2 重要古語と内容の理解　基本問題①

確認
★古語の意味　とても　かわいらしい様子で
古文特有の意味　あった　光っている
解説　ここでの「けり」は「……た」、「たり」は「……ている」という意味を表している。
助詞の省略　背丈三寸ぐらいである人

P.115

1
① 月の眺めのよいころ
② 言うまでもない
③ やはり
④ 趣がある

2
(1) ① さっと　② 気の毒だ
(2) かぐや姫
解説　天人がかぐや姫《ひめ》に天《あま》の羽衣《はごろも》を「着せてさしあげる」と、それを着たかぐや姫が「お思いになっていたことも消え失《う》せてしまった」という文脈である。

P.116

## 五章　古典　2 重要古語と内容の理解　基本問題②

1
(1) イ
(2) をかし
解説　どちらも"趣《おもむき》がある"というような意味である。
(3) まして
(4) ウ

P.117

2
(1) ⓒ
解説　ⓒの「月の出《い》づる」の現代語訳を見ると、「月が出ている」となっている。
(2) ア
(3) いらっしゃり
解説　「おはす」は「いらっしゃる」という意味で、尊敬語である。
(4) 猟師　象　普賢菩薩

P.118

## 五章　古典　2 重要古語と内容の理解　標準問題

1
(1) ア
解説　現代語訳に気をつけて、「家の周辺」は「光り輝《かがや》いて」（述語）の主語を作る語であることをとらえよう。
(2) ② ウ　③ イ
解説　②の「ほど」は、物事の程度を大まかに表している。
(3) イ

P.119

2
(1) 雪　霜　真っ白
解説　現代語訳から考えよう。「そう」は、前の「雪の降った」と「霜《しも》が真っ白におりている」を指している。

(2) ウ
(3) ふさわしい
(4) ウ

## 五章 古典 3 故事成語と漢文の読み方 基本問題①

P.120

確認 ★
(1) 背水の陣
(2) 五十歩百歩

1
(1) 蛇足
(2) 漁夫の利
(3) 蛍雪の功
(4) 推敲

P.121

2
(1) ウ
(2) エ
(3) ア
(4) イ

確認 ★ をる
▼ をす

## 五章 古典 3 故事成語と漢文の読み方 基本問題②

P.122

1
(1) 売る
(2) 盾

解説 直後の商人の言葉の「吾《わ》が盾《たて》の堅《かた》きこと……」から、「之《これ》」は盾であることがわかる。

(3) めて
(4) イ

解説 現代語訳の「どんなものでも突《つ》き通せないものはない」を参考にしよう。「〜ない…ない」という二重否定は肯定《こうてい》の意味を表す。

(5) A 矛 B 盾

P.123

2
(1) イ
(2) イ
(3) 戦争が始まる
(4) 五十 百 臆病者
(5) ウ

解説 百歩逃《に》げた者も五十歩逃げた者も逃げ出したことに変わりはないことから、違《ちが》うように見えても本質的には違わないことを意味するようになった。

## 五章 古典 たしかめよう 完成問題①

P.124

1
(1) ⓐ くわえて ⓑ かるがゆえ ⓒ こうむる
(2) ① ア ② イ

解説 水に映っている肉のほうが大きく見えたので、「これ」（自分がくわえている肉）を捨てて、「かれ」（水に映っている肉）を取ろうとしたのである。

P.125

2

(3) 欲の深い者たち

解説 誰《だれ》が「財《たから》（＝財産）」をうらやんで、それを貪《むさぼ》ろうとするのかを文脈から読み取る。

(4) イ

(1) ⓐ したまえるぞ

ⓑ こころみたてまつらん

(2) ① 決して

② だから

(3) ア

解説 「まことの仏ならば、よも矢は立ちたまはじ。」が、理由である。この部分の現代語訳を手がかりにして答えよう。

(4) ウ

## 五章 古典 たしかめよう 完成問題②

P.126

1

(1) ⓐ まいらす

ⓑ あわれがらせたまいて

(2) イ

解説 「命も惜《お》しいだろうか」と疑問の形で問いかけて、「いや惜しくはない」という気持ちを表す言い方である。

(3) （誰が） 中将

（誰に） 帝

(4) ア

P.127

2

解説 翁《おきな》、嫗《おうな》、帝《みかど》がそれぞれの立場で、愛するかぐや姫《ひめ》を失い、心から悲しんでいる様子が描《えが》かれている。

(1) 大杯に入った酒

(2) 蛇の絵 描き終えた

(3) イ

(4) 足を

(5) ⓒ

解説 ⓒのみ、きちんと蛇《へび》を描《か》き終えて酒を飲むことのできた者。ⓐ・ⓑ・ⓓは、一番先に蛇を描き終えたのに、足をつけたしてしまったために酒を飲みそこなった者。

## 書いてみよう

例 私はクラスの自己紹介《しょうかい》で、自分の趣味《しゅみ》や家族について話したとき、つい新築した自分の家の自慢《じまん》をしてしまった。あとで、あれは蛇足《だそく》だったと後悔《こうかい》した。（六十九字）

2407R8